法華信仰のかたち

その祈りの文化史

望月真澄
Shintyo Mochizuki

大法輪閣

はじめに

日本の仏教信仰を眺める中で、代表的な信仰をあげると、釈迦信仰、浄土信仰（阿弥陀信仰）、薬師信仰、地蔵信仰、観音信仰、弥勒信仰、福神信仰、不動信仰、鬼子母神信仰、庚申信仰、稲荷信仰、弘法大師信仰、祖師信仰、そして法華信仰（題目信仰）があげられます。これらの信仰は、仏教の仏像、開祖、経典といったものに対しての信仰であり、日本において広く信仰されていきます。

本書で題材とする法華信仰の基本となる法華経は、インドの釈尊によって説かれたものが弟子たちによって編纂され、中国、朝鮮半島を伝わって日本に入ってきました。法華思想の上では、釈尊、天台大師智顗、伝教大師最澄、そして、日蓮と受け継がれてきたわけです。ここでは、法華経を根本経典とした日蓮聖人の法華信仰に着目し、日本における法華信仰のかたちとその歴史についてみていきます。

鎌倉時代に生きた日蓮聖人は、法華経の信仰を基調にし、題目「南無妙法蓮華経」、つまり妙法蓮華経に帰依する、といった思想を打ち立て、法華経を伝播していきました。この法華経信仰が法華教団の中でどのように受け入れられていったか、そのすがたとかたちについて以下の各章の視点からみていくのが本書のねらいです。

序章では、法華信仰の歴史を、インド・中国・朝鮮半島を経て日本に入ってくる法華経の歴史をながめ、日本における展開を時代別に概観していきます。

第一章は、法華経を弘めた日蓮宗の開祖・日蓮聖人に着目し、その法華経観から伝記・日蓮遺文といった資料から法華信仰を探っていきます。

第二章は、日蓮宗という宗派の歴史から法華信仰の伝統について眺めていきます。特に、法華教団における数々の事件から強固な法華信仰のすがたを追っていきます。

第三章は、法華信仰の展開について、日蓮信仰（祖師信仰）に着眼し、かつ題目信仰のすがたを示し、さらに法華信仰の習俗や芸術との関わり、法華霊場の成立についてみていきます。

第四章は、法華教団における名僧といわれている僧侶や代表的な信徒・集団の法華信仰を取り上げ、生涯や思想の中から、信仰のかたちについてみていきます。

第五章は、法華信仰の中で祀られる法華の神々に注目し、現世利益と加持祈祷とのつながりの中からみていきます。

第六章は、法華信仰と文化との結びつきについて、曼荼羅勧請《かんじょう》の仏像や寺院の宝物の護持・管理に着眼してみていきます。

よって本書は、日蓮聖人の法華信仰から先師・信徒の信仰の姿を歴史的に追い、法華信仰の特徴とその形態について紹介しようとするものです。なお、本書で使う「法華教団」という語句は、法華系教団各派を含めた歴史上の日蓮教団を法華教団と総称させていただきます。

【例　言】

・開祖日蓮のみ聖人号を付し、その他の法華教団の僧侶、各宗派の僧侶における上人号等の敬称は省略しました。

・日蓮聖人のご遺文の引用は、立正大学日蓮教学研究所編『昭和定本日蓮聖人遺文』により、その引用は、「定」と略記し、頁数を明記しました。

・登場する寺院には、通称されている地名等をなるべく冠すようにし、できる限り現在の所在地を括弧内に記しました。

・引用した資（史）料は、なるべく現代文になおし、出典を明記するよう心がけました。

法華信仰のかたち

——その祈りの文化史

目次

第三章　法華信仰の諸相 —— 95

第四章　名僧・信徒の法華信仰 —— 143

第五章　守護神と加持祈祷 —— 199

カバー写真…「鬼形鬼子母神」（稲取・成就寺 蔵）
装丁…清水 良洋（マルプデザイン）

序章

法華信仰とは何か

法華経の成立と教え

●法華経の成立と展開

法華経は、サンスクリット語（梵語《ぼんご》）「サッダルマ・プンダリーカ・スートラ」の訳で、「白い蓮のように優れた教えの経典」という意味です。

原典は、西暦五〇年頃から一五〇年頃にかけての百年の間にインドで成立したとされています。サンスクリット語の写本は、ネパールやパキスタンのギルギット、中央アジアから発見され、チベット語、ウイグル語、西夏語《せいか》、蒙古語《もうこ》、満州語などに翻訳されています。

漢訳したものには、『正法華経《しょうほけきょう》』（二八六年竺法護《じくほうご》訳）・『妙法蓮華経《みょうほうれんげきょう》』（四〇六年鳩摩羅什《くまらじゅう》訳）・『添品妙法蓮華経《てんぽん》』（六〇一年闍那崛多《じゃなくった》・達磨笈多《だるまぎゅうた》訳）の三訳が知られ、現在は、鳩摩羅什**【次頁写真参照】**の『妙法蓮華経』が広く読まれています。

『妙法蓮華経』は、中国・朝鮮半島各国・日本のそれぞれの文化に強い影響を及ぼしました。南斉《なんせい》代に「提婆達多品《だいばだったほん》第十二」が、隋《ずい》代に「観世音菩薩普門品《かんぜおんぼさつふもんぼん》第二十五」の偈文《げもん》が加わり、現在のかたちとなっています。

なお、法華経には、古来より「開経《かいきょう》」と「結経《けっきょう》」が付いており、開経を『無量義経《むりょうぎきょう》』、結経を『観普賢菩薩行法経《かんふげんぼさつぎょうぼうきょう》』といい、『妙法蓮華経』と併せて「法華三部経」といっています。

日本では、江戸時代の版本の技術の向上とともに、多くの寺院で刷られるようになりました。日蓮宗では、頂妙寺版（板）、大教院版といった版本が有名です。

法華経の文字の音・義・訓・清濁《せいだく》・四声・句読などについて解説した字書『法華経音義《おんぎ》』、法華経の教説内容の大綱《たいこう》・概略を記した『法華経大意《たいい》』、法華版経に朱と墨で書き入れした『文段経《もんだんきょう》』などの法華経関連書物も刊行され、法華経の普及に影響を与えていきました。

鳩摩羅什

●法華経の教え――「二乗作仏」と「久遠実成」

法華経は「諸経《しょきょう》の王」といわれるように、数ある経典の中でも最も読まれてきた経典です。その理由は、「法華経を信じる人は誰でも成仏する」と、法華経の中に説かれているからです。

法華経の教えの特徴は、三乗《さんじょう》を方便《ほうべん》、一乗《いちじょう》を真実の教え、と説いていることです。三乗とは、声聞《しょうもん》乗・縁覚《えんがく》乗・菩薩《ぼさつ》乗で、それぞれが自分の立場を固執して真実とする見解に対して、それは方便であり、一仏乗こそが釈尊**【次頁写真参照】**の精神であると主張するものです。

ちなみに、声聞乗は、師の教えを聞いて仏道に励む者の意味です。縁覚乗は、ひとりで物事の因縁生滅《いんねんしょうめつ》する姿を観じて悟ることで仏の教えに頼らず一人で覚る者の意味で、独覚《どっかく》乗ともいわれています。菩薩乗は、現実の中に真理を悟り、実践していく者の意味です。声聞・縁覚の二乗は、小乗仏教といわれ、菩薩乗を立場とする大乗仏教と区別されます。そこで、声聞・縁覚の二乗は成仏の道ではないと非難されるに至っています。しかし、法華経では一乗を明かしつつ、一乗に目覚めることによって不成仏と非難された二乗も菩薩と等しく悟りに至ると説いたのです（二乗作仏《にじょうさぶつ》）。

また、「久遠実成《くおんじつじょう》」も、法華経の重要な教えです。これは、法華経の「如来寿量品《にょらいじゅりょうほん》第十六」に説かれた法門で、釈尊が久遠の昔に成仏した「三身具足《さんじんぐそく》」の仏であると説き顕《あら》わしたことです。

つまり、法華経以前の諸経では、釈尊はインドのブッダガヤにある菩提樹下で初めて成道《じょうどう》した仏とされています。そして、寿量品に至って「我《わ》れ実に成仏してより已来《このかた》、無量《むりょう》無《む》辺《へん》百《ひゃく》千《せん》万《まん》億《のく》那《な》由《ゆ》佗《た》劫《こう》なり」と説かれ、実には五百億塵点劫《じんでんごう》の久遠の過去世に成仏し、それ以来常に娑婆《しゃば》世界《せかい》にあって人々を教化してきたと、釈尊が明らかにされたことをいいます。

釈尊（インド・サールナート博物館蔵）

インド・西域・中国の法華信仰

●インドの法華信仰

仏教の開祖・釈尊は、インドの北部地域を中心に布教活動を行いましたが、その教えは、弟子によって仏典として編纂《へんさん》されました。これを「結集《けつじゅう》」といっています。また、釈尊亡き後、仏教は、見解の相違によって数々の部派《ぶは》に分かれて対立した時代があり、これを「部派仏教」といっています。この部派仏教時代の後、仏教の改革運動が起き、この頃に大乗経典が編纂されます。

法華経も、おおよそ西暦五〇年から一五〇年の間に、現在の形に整ったといわれています。これは、紀元前の西北インドで起こった大乗仏教運動が影響していたため、内容は、成仏への道が否定されていた小乗仏教の出家者や女性の救済が説かれています。

なお、インド仏教の論師《ろんじ》である龍樹《りゅうじゅ》（ナーガールジュナ、約一五〇～二五〇）【次頁上写真参照】

は、『大智度論《だいちどろん》』で般若経《はんにゃきょう》を注釈しましたが、法華経が般若経よりも優れていると記しています。同じくインド仏教の論師・世親《せしん》（天親《てんじん》とも。ヴァスバンドゥ、五世紀頃）**【左下写真参照】**も、『法華経論』で法華経を注釈しましたが、やはり同様のことを記しています。

西域の法華信仰

インドで発祥した仏教は、西域《さいいき》（シルクロードに沿った地域）を経て中国に至る大乗仏教と、ミャンマーやスリランカへ伝わる上座部仏教に分かれて伝来していきます。

シルクロードの仏教遺跡の中には、法華経に関する資料が発掘されています。

北魏《ほくぎ》時代の敦煌《とんこう》の

龍樹（上）と世親（下）（いずれもチベットの仏画より）

二仏並坐（金沢市経王寺蔵）

石窟《せっくつ》では、法華経の「二仏並坐《にぶつびょうざ》」（釈尊と多宝如来《たほうにょらい》が宝塔《ほうとう》内に並んで坐する様子）が示された壁画や仏像が確認され、唐・宋時代の敦煌壁画には、壁全体の法華経説相図《せっそう》がいくつかみられます。

なお、「二仏並坐」は、わが国においても大いに造形化されました【上写真参照】。

中国の法華信仰

中国における法華経は、天台大師《てんだいだいし》智顗《ちぎ》（五三八～五九七）【次頁写真参照】の『法華文句《ほっけもんぐ》』や、嘉祥《かじょう》大師《だいし》吉蔵《きちぞう》（五四九～六二三）の『法華義疏《ぎしょ》』に説かれる、法華経の科文《かもん》（段落分け）によって解釈されました。

智顗は、中国天台宗の開祖で、浙江省《せっこうしょう》中部にある天台山国清寺において法華信仰を弘めた僧です。智顗の教えは、法華経が他の代表的な般若・華厳《けごん》・涅槃《ねはん》などの大乗経典において、それらより下位のものであるとされていたのを覆《くつがえ》し、最高の教えを説くものであることを示したところが注目されます。もっといえば、智顗は、釈尊が成道《じょうどう》してから入滅するまでの間に説いた説法を分類整理し、「五時八教判《ごじはっきょうはん》」というものを設けて詳しく説明しています。五時は、華厳時・阿含時・方等《ほうどう》時・般若時・法華涅槃時であり、八教は化儀《けぎ》（説法の形式）と化法《けほう》（説法の内容）の四教のことです。また、智顗は、法華経各品の短い経句を抜粋《ばっすい》した要文『略法華経』を撰述しており、現在も「祈祷肝文《きとうかんもん》」として読まれています。

日蓮聖人は、智顗の『法華玄義』『法華文句』『摩訶止観《まかしかん》』の「天台三大部」を土台として法華信仰を打ち立て、『玄義』の「五時八教」の教えと、『止観』の「一念三千《いちねんさんぜん》」の教えを重視しています。

智顗
（法華宗真門流総本山本隆寺蔵）

日本に伝来した法華信仰

●仏教伝来と法華経

日本では、六世紀に朝鮮半島から仏教が伝来し、続いて入ってきた仏教文化のうち、経論二百余巻の中に法華経もあったと『扶桑略記《ふそうりゃっき》』に記されています。

また、三十代敏達《びだつ》天皇の五七七年、百済《くだら》国から二百余巻の経論が朝廷に献納されました。その中に法華経もあったことが『法華験記《ほっけげんき》』に記され、同書には、法華経が日本に伝来する基礎を作った人を聖徳太子としています。

●飛鳥仏教と法華信仰

聖徳太子《しょうとくたいし》（五七四〜六二二）**【次頁写真参照】**は、日本に伝えられた経論を学び、深く仏教の教えを把握するまでになりました。そこで、推古天皇十四年（六〇六）法華経の講義を行い、注釈書『法華義疏《ぎしょ》』（「三経義疏《さんぎょうぎしょ》」の一つ）を著したと伝えられています。ここから、法華経への信仰が日本において展開します。

天平年間に聖武《しょうむ》天皇は、国ごとに国分寺《こくぶんじ》・国分尼寺《こくぶんにじ》を置くことを命じました。国分寺は、正しくは「金光明四天王護国之寺《こんこうみょうしてんのうごこくのてら》」と称し、金光明王最勝王経各十部が納められ、国分尼寺は、正しくは「法華滅罪之寺《ほっけめつざいのてら》」と称し、法華経各十部が納められました。

この時代、東大寺法華堂において、毎年「法華会《え》」が営まれました。『東大寺要録』によると、天平十八年（七四六）良弁《ろうべん》（六八九～七七三）の要請で金鐘寺《こんしゅじ》の絹索院《けんじゃくいん》において法華経講読の法会《ほうえ》が営まれたとあります。これが「法華会」の始まりといわれています。

聖徳太子
（静岡市耀海寺蔵）

平安仏教と法華信仰

平安時代に入ると、日本天台宗の開祖・最澄《さいちょう》（伝教大師《でんぎょうだいし》　七六七〜八二二）【下写真参照】が、天台教学を日本にもたらし、法華経の教えを日本の仏教界に位置づけると、貴族階級を中心に法華信仰が弘まっていきました。

最澄は、最初、華厳思想を学んでいましたが、中国から帰ってくると、法華思想を拠《よ》り所とするようになっていきました。

平安初期には「如法経《にょほうきょう》」といって、一定の規則に従って法華経を書写して筒《つつ》に入れ、山に埋めることが行われるようになりました。これは円仁《えんにん》（七九四〜八六四）が始めたと伝えられます。時代が経つと書写の法会が修され、書写した経典そのものが如法経といわれるようになりました。

最澄

平安時代中期頃から法華信仰と浄土信仰が隆盛し、ことに法華経の功徳を説く天台宗の僧侶による「法華八講」「十講」「三十講」が、宮中を始めとする貴族の館や地域の道場・寺院などで頻繁に行われていたことが、当時の貴族の日記や随筆から知ることができます。

紫式部《むらさきしきぶ》の『源氏物語《げんじものがたり》』や清少納言《せいしょうなごん》の『枕草子《まくらのそうし》』には、法華八講に関する記述がみられます。

鎌倉時代と法華信仰

日蓮宗の開祖・日蓮聖人（一二二二〜一二八二）は、法華経の教えが唯一の正法《しょうぼう》であるとして、法華経信仰を弘めました。これは、聖人の著作や信徒に与えた書状等に記され、法華経の教えや題目の功徳が随所に語られています。

日蓮聖人は、比叡山で天台宗の法華経思想や密教を学び、さらに高野山や四天王寺、京都の大寺を訪れました。諸宗を学んだ後、法華経の教えこそ真実の教えであるという信念に達しました。そして、法華経だけが釈尊の正しい教えであるから、題目「南無妙法蓮華経《なむみょうほうれんげきょう》」を唱えて法華経を信じるよう、人々に勧めています。

この激しい説法に人々は驚き、他宗の僧侶からは反感をかうようになります。時には、流罪《るざい》の憂《う》き目に遭いますが、これを法難ととらえ、次第に法華経の行者としての自覚に目覚めるようになっていきます。そこで、法華経を信仰することによって、この地上に平和な世界ができることを確信しました。逆に、信仰しないのなら災難が起こることを予言しています。

宋から禅を伝えた曹洞宗の開祖・道元《どうげん》（一二〇〇～一二五三）も、『正法眼蔵《しょうぼうげんぞう》』九十五巻の随所で法華経に触れ、法華経に帰依すべきことを説いています。道元は、病で入滅した時に、部屋の柱に法華経「神力品《じんりきほん》」の「即是道場《そくぜどうじょう》」、つまり、「法華経があるところが悟りの場所である」という経文を書き記していることからも法華経信仰の深さが窺《うかが》えます。

●室町時代と法華信仰

京都を中心に法華信仰をひろめた日親《にっしん》（一四〇七～一四八八）は、『立正治国論《りっしょうちこくろん》』を足利幕府に提出し、日蓮聖人の法華信仰、特に法華経信仰者以外の布施を受けない不受不施《ふじゅふせ》思想を受け継ぎ、庶民に題目の功徳を弘めています。

室町文化というと一般的には、禅文化のように受け取られています。しかしながら、長谷川等《はせがわとう》伯《はく》や本阿弥光悦《ほんあみこうえつ》といった芸術家が現れ、法華信仰を基盤とした作品が多く残されています。京都本法寺には、等伯の「釈尊涅槃図」や光悦の「巴《ともえ》の庭」があります。特に、光悦は法華芸術を後世に伝えるべく、京都鷹峯《たかがみね》の地に芸術村を作っています。本阿弥家中興の六代清信《きよのぶ》が日親と監獄で出会ってから本阿弥家の法華信仰は、深まっていったといいます。

この頃、洛内には法華の寺院が次々に建立され、町衆が京都の支配的地位を占めるようになっていきました。建立された寺院は、二十一の本山でしたが、焼き討ちの後に復興されたのは十六本山（妙顕寺・本国寺・妙覚寺・本法寺・妙伝寺・立本寺・頂妙寺・本満寺・妙満寺・本禅寺・妙蓮寺・本隆寺・本能寺・要法寺・寂光寺・妙泉寺）でした。このうち、妙泉寺は、火災に遭遇して復興できず、同寺を除いた十五本山（日蓮宗八本山、法華宗七本山）が現存しています。

京都の法華信徒は、古来から「十六本山巡り」を行っており、未だに「十六本山」の言葉は使われています。

これらの寺院は、現在も京都日蓮聖人門下連合会という組織の中で結束し、夏季講習会や日蓮聖人にまつわる遠忌法要の他、さまざまな催しを行って法華の法灯を受け継いでいます。

江戸時代と法華信仰

江戸幕府の本末制度・寺檀制度の中で、寺院は幕藩体制下に組み込まれていきます。この頃、法華教団では、受不施・不受不施の対立があります。

江戸時代初期に受派が実権を掌握し、身延山久遠寺は日蓮宗の総本山としての地位を確固たるものにし、祖師の廟所を信仰拠点とする身延山信仰が形成されていきます。一方、不受派の僧侶は流罪となり、禁圧下の中で牢死する僧侶や信徒も登場し、純粋な法華信仰を貫いていきます。

この時代に日蓮教学の研鑽が盛んとなり、各地に法華教団の檀林《だんりん》（僧侶の学校）が建立されました。ここでの教育内容は、天台学が主流であり、その教育内容は、天台教学の習得に大部分が費やされており、これを「天台ずり」（天台学に傾斜していることを指す）といっています。就学年数は最初の「西谷名目《にしだにみょうもく》」から天台三大部まで、どんなに早くても十三年を費やしたということです。

法華教団以外に目を向けると、臨済宗中興の祖といわれる白隠《はくいん》（一六八五〜一七六八）は、「只管《ひたすら》に法華の首題を南無妙法蓮華経、南無妙法蓮華経と間もなく唱へらるべし」（『白隠禅師法語』）と唱題を勧め、自らも題目を書写しています。

江戸時代中後期には、法華文化が栄え、浮世絵・落語・浄瑠璃・文学といった分野で、法華信仰に関する作品が作られました。その中には、祖師にまつわる霊験《れいけん》や法華経の功徳といった事柄が盛り込まれています。また、祖師信仰を基盤として法華経の守護神（鬼子母神《きしもじん》など）が登場し、法華信仰が高揚していきました。都市部や農村部の法華信仰の盛んな地域では、庶民により「題目講《だいもくこう》」が結成され、積極的な信仰活動を行っていました。これらの講は、法華教団を集団で支え、近代以降の新興宗教や在家仏教運動に影響を与えていきました。

花開く法華信仰の文化

日本における法華信仰のかたちやその特徴は、次に挙げるさまざまな儀礼や文化として表現されています。

●法華八講

法華経八巻を一巻ずつ八講座に分け、四日で講ずる法華八講があり、他に法華十講、法華三十講があります。法華十講は、法華経八巻に開結二経を加えた法華講会のことです。

法華八講は、『三宝絵詞《さんぼうえことば》』によれば、延暦十五年（七九六）石淵寺《いわぶちでら》の勤操《ごんそう》（三論宗）が、仲間七人と四十九日間交替で供養したと伝えられます。法華十講は、延暦十七年（七九八）十一月、比叡山において最澄《さいちょう》が天台大師《てんだいだいし》智顗《ちぎ》の忌日に修していますが、これがわが国における初例といわれています。

法華経の絵曼荼羅（京都立本寺蔵）

日蓮宗では、天正五年（一五七七）日珖《にちこう》が、慈父十三回忌のために十講を修したものが初見といわれます。

法華経の絵曼荼羅

法華経の「絵曼荼羅《えまんだら》」は、鷲津《わしづ》本興寺（静岡県湖西市）、京都立本寺（京都市）、高岡大法寺（高岡市）、奈良談山《だんざん》神社（桜井市）のものがよく知られています。

立本寺の絵曼荼羅**【前頁写真参照】**は、平安時代の作で、紺紙《こんし》金泥《きんでい》で描かれており、国の重要文化財に指定されています。全部で八軸あり、各軸ともそれぞれ法華経一巻ずつの経文の文字が五重の塔形を型どって書写されています。周囲には、それぞれの巻の説相《せっそう》図が描かれ、法華七喩《ほっけしちゆ》や、法華経に登場する菩薩が随所にみられます。

法華経の写経

法華経の法師《ほっし》功徳品《くどくほん》に説かれるもので、法華経のたとえ一句でも受持《じゅじ》し、読み、誦《じゅ》し、解説《げせつ》し、書写する者は、無量の功徳を得られるであろうと説かれています。この受持・読・誦・解説・書写の行を「五種法師《ほっし》の行」といいます。

　したがって、古代社会では、よく法華経が写経されました。奈良時代には、写経所という施設があり、分業で写経が行われました。書写行の初見は、天平二十年（七四八）光明《こうみょう》皇后が、天皇の追善供養として、法華経を千部書写させたといわれています。藤原道長の生涯を記した『栄《えい》華物語《がものがたり》』には、道長が滅罪生善のために、法華経を八万部書写したことが記されています。

　平安時代に入ると、金箔《きんぱく》を用いたりして芸術性の高いものになります。これは、装飾経といわれ、代表的なものに、平家が広島県の厳島神社《いつくしまじんじゃ》に納めた平家納経があります。納められた全三十三巻の内の大部分は法華経二十八巻と開経・結経です。

　一方、扇面《せんめん》の紙の上に法華経を書写することも行われ、これは開いて冊子とされました。これには、源氏物語を題材とした物語絵がよく描かれています。

●法華懺法

法華懺法《ほっけせんぽう》とは、法華経に基づいて自己の罪を懺悔《さんげ》する儀式で、寺院の法華三昧《さんまい》堂を中心に行われました。

　天台宗において、法華経・観普賢菩薩行法経《かんふげんぼさつぎょうぼうきょう》に基づき、三七日（二十一日間）を期して法華経を読誦《どくじゅ》し、その間に礼仏・懺悔・誦経・坐禅等を行じます。日本では、最澄がはじめて比叡山において修し、その後に法華三昧堂が建設され、常行《じょうぎょう》三昧と共に諸寺で修されるようになりました。

この法は、現在でも、天台宗などで盛んに行われています。

法華経と説話文学

説話とは、神話・伝説・民話・童話等を総称したものです。

奈良時代から平安時代にかけて、貴族から庶民に仏教が展開していった時期の説話に『日本《にほん》霊異記《りょういき》』『今昔物語《こんじゃくものがたり》』『法華験記《ほっけげんき》』『扶桑略記《ふそうりゃっき》』があります。ここには、当時の法華信仰が描かれており、内容は、権力者でも悪行を積んだために罰を受ける話や、「善因善果《ぜんいんぜんが》、悪因悪果《あくいんあっか》」を説く物語、そして、現世利益《げんぜりやく》の話などが紹介されています。

また、『日本往生極楽記』にも法華経を受持した人々（持経者《じきょうしゃ》）が紹介されています。これらの仏教にまつわる作品が、後世の文学作品に与えた影響は、計り知れないものがあります。

◆『法華験記《ほっけげんき》』（『大日本国法華経験記』）とは

平安末期、比叡山の僧・鎮源《ちんげん》が出家者たちの体験である輪廻転生《りんねてんしょう》・蘇生・夢告といった百二十九篇の説話を記しています。いわゆる、法華経に生きた人々の伝記集です。例えば、「伝灯《でんとう》仏法の聖徳太子」「比叡山建立の伝教大師《でんぎょうだいし》（最澄）」「吉野奥山のある持経者」といった説話があり、ここには、法華経の修行者としての姿が如実に描かれています。

法華経の歌

釈教歌《しゃっきょうか》・法文歌《ほうもんか》といわれる、釈尊や法華経の教えを歌にしたものがあり、法華経の歌は、平安時代に流行《はや》りました。

例えば行基《ぎょうき》は、

「法華経を我が得しことは薪《たきぎ》こり　菜摘《なつ》み水汲《みずく》みは仕《つか》えてぞ得し」（『拾遺《しゅうい》和歌集』）

と歌い、法華経提婆品《だいばほん》十二に釈尊が前世に国王であった時、阿私仙人《あしせんにん》に仕えて法華経を得たことを歌にしています。

これらの歌は、民間において口ずさんでいたもので、当時の人々の法華信仰が歌を通じて語りかけてくれます。

第一章

日蓮聖人の法華信仰

日蓮聖人・法華信仰の軌跡

●法華経と日蓮聖人

日蓮聖人（一二二二～一二八二）は、法華経を弘める上で、浄土宗の信者や時の権力者の反感を買い、しばしば迫害を受けます。「大難は四か度、小難は数知れず」といったことで知られるように、法華経を弘める度に法難に遭っています。

法華経の勧持品《かんじほん》に、「釈尊の教えをこれから世に弘めようとする菩薩たちがさまざまな迫害に遭遇し、時には刀で脅《おびや》かされることがあっても堪え忍んで人々を救うために法華経を説いていこう」と記された箇所があります。聖人の著書『開目抄《かいもくしょう》』には、勧持品に述べられている菩薩こそ自分であるとし、強い自覚をもって布教活動に臨《のぞ》んでいます。つまり、聖人は、法華経に説かれている壮大な教えを人々に伝える使命感に打たれていたわけです。

法華経に説かれる真理は、悠久の時を流れ、広大な宇宙の広がりを背景として、数々のドラマを演出しています。日蓮聖人は、鎌倉社会にあって新しい時代の生き方を求め、それを法華経に求めました。内容の二十八品について、前半十四品の迹門《しゃくもん》と後半十四品の本門《ほんもん》に分け、迹門で「二乗作仏《にじょうさぶつ》」を説き、本門で「久遠実成《くおんじつじょう》」を説くとしています。これを「二箇の大事《にかのだいじ》」と位置づけ、他の経典と比較して最も優れた法門であるとしました。

清澄山旭が森の日蓮聖人像

聖人は、釈尊が説かれた経典の中から法華経を選んで根本経典とし、法華経の教主釈尊を本仏《ほんぶつ》（本師《ほんし》）としています。自らは、法華経の弘通《ぐずう》を委嘱《いぞく》（委任）された仏の使いであるとし、法華経を弘めました。

日蓮聖人は、法華経の救いを末法の世に住む人々に伝えるため、誓願を起こしています。建長五年（一二五三）四月二十八日、三十二歳の折、安房国《あわのくに》に帰り、清澄寺《せいちょうじ》の虚空蔵菩薩《こくうぞうぼさつ》に願をかけました。清澄山《せいちょうざん》の旭《あさひ》が森において、昇る太陽に向かって「南無妙法蓮華経」の題目を唱え、立教《りっきょう》開宗《かいしゅう》を宣言しました【前頁写真参照】。これ以降、法華信仰を根底に据《す》え、各地で布教活動を行っていくことになるのです。

日蓮聖人と女性、そして手紙

ここでは、日蓮聖人と女性信徒、そしてそこで交わされた手紙についてみてみましょう。

手紙は文字による伝達手段であり、人間同志の交流や情報伝達を行う上で重要とされています。日蓮聖人は、多くの手紙を認《したた》めていますが、女性宛の手紙は、現存しているもので七十七通余を数えます。これほどの分量は、日本仏教の開祖としても他に例がありません。彼女らは、聖人の教えにひかれ、法華信者として生きていくことになります。

日蓮聖人の直檀は史料上判明するだけで百六十二名、そのうち女性が四十七名といわれています。日蓮遺文《いぶん》の上では女性信徒の供養は男性信徒に比べて少ないですが、男性信徒の陰には女性信徒がいる場合が多々あります。ご遺文に登場する名前は、南條殿女房《なんじょうどのにょうぼう》、四条金吾夫人《しじょうきんごふじん》の日《にち》眼女《げんにょ》、富木尼御前《ときあまごぜん》、阿仏房《あぶつぼう》夫人（千日尼《せんにちあま》）、新尼《にいあま》御前、窪尼《くぼあま》御前、妙心《みょうしん》尼、松野殿《まつのどの》女房などです。

それでは、檀越《だんのつ》の中でも代表的な女性たちを取り上げ、聖人の教化法と法華信仰についてみていきましょう。

◆月満御前《つきまろごぜん》

日蓮聖人は鎌倉の四条金吾夫人が妊娠したと聞いて、それを見舞う気持ちから書状を認められました。内容を探ると、懐胎に際し、聖人から夫婦に安産祈願の符《ふ》が出されていたようです。願いが成就し、無事女児が誕生し、日蓮聖人はこの女児に、月満御前と名付けました。

◆乙御前《おとごぜん》

佐渡流罪の時に、訪れる人もいない中、女性の身でありながら島に来てくれたことに対し、言葉ではいいようのないほど感謝の気持ちでいっぱいであると記しています。そして、法華経は女人のために、暗いところでは灯火、海では船、恐ろしいところでは守りとなると説いています。

◆富木尼御前《ときあまごぜん》

富木尼は、日蓮聖人に銭一貫文とお酒を供養しました。富木氏は、下総国《しもうさのくに》の守護で、千葉氏の有力な事務官僚でした。

聖人はご遺文の中で、「弓の力で矢は走り、龍の力で雲は動く、男の行いは女の力である」と説き、富木殿が身延の聖人のもとに来られたのも、尼御前の力があるからである、と内助の功を示されています。さらに、尼御前の病気を気にされ、三年間続けた灸《きゅう》治療を続けるよう勧めています。姑への看病疲れを察したのか、尼御前を案じて慰めているわけです。

ここには、日蓮聖人の深い慈悲の心が読み取れ、尼御前の心にこたえたに違いありません。日蓮聖人から富木尼御前に宛てられた手紙は四通ありますが、すべて富木尼の気苦労を気遣っての内容でした。

ちなみに、富木尼は、一子を連れて再婚しており、富木殿の養子になった子が、後の六老僧日《にっ》頂《ちょう》といわれています。

千日尼（左）と阿仏房（右）
（著者蔵）

◆千日尼《せんにちあま》

阿仏房《あぶつぼう》の妻として知られる千日尼**【前頁写真参照】**は、女性は罪深く、成仏できないと思っていました。そこで、日蓮聖人は、法華経提婆品《だいばほん》十二に八歳の龍女《りゅうにょ》が仏になったことを示し、女人成仏が証明されていることを説きました。これにより千日尼は、女性の成仏を確信され、信仰を深めていきます。

女性の成仏に関しては、「一代聖教の中には法華経第一、法華経の中には女人成仏第一なり」（『千日尼御前御返事』）といい切っていることからも、聖人の女性観が窺《うかが》えましょう。

◆持妙尼《じみょうあま》

窪尼《くぼあま》とも称し、夫の命日に日蓮聖人に布施を送りました。その返事の内容は、「世の中の別れには、親子や主従やさまざまあるが、男女の別れほど辛いものはない。故入道（夫）は法華経信仰を導いてくれた人です。よって、帰らぬ人を思って辛い日々を送らないよう、題目を唱え、供養するように」と説かれています。持妙尼は、この言葉に励まされ、心を強くしていきました。

また、尼御前が早生の栗を送り、仏の供養を怠らなかったことについて、成仏されないはずがないと示されました。この手紙を拝した尼御前は、心の安らぎを得たと思われます。

◆上野殿後家尼御前《うえのどのごけあまごぜん》

富士上野郷《ふじのうえのごう》を領した南條家は、地名から上野殿と呼ばれています。夫と死別し、わが子にも先立たれた後家尼御前に対し、十年を経過した際に日蓮聖人は、書状を認めています。長子七郎五郎を十六歳の若さで亡くした母に対して、その心中を察し、「夢か幻か、いまだわきまへ難《がた》く候《そうろう》」と記し、一緒になって嘆いています。

●女人成仏の教え

日蓮聖人は、法華経提婆品に説かれる悪人成仏・女人成仏の教えに基づき、すべての人々が救われることを力説しました。聖人の救いは、夫や子供を失った悲しみを持つ女性を救うために、慈悲深い世界があります。そして、女性の年齢や家庭環境、能力に応じて、ある時は文章を優しく、ある時は厳しく、説き示しています。

こうした日蓮聖人の女性に対する思いやりの心は、聖人滅後も語り継がれていき、江戸時代に入っても徳川家康側室《そくしつ》お万《まん》の方《かた》、武家の奥方のといった信徒の心の中に響いていきます。もちろん、庶民の女性も、題目唱題を通じて聖人の信仰を享受していきます。

浮世絵でみる日蓮聖人の生涯

●浮世絵と日蓮聖人伝

法華信仰を打ち立てた日蓮聖人の生き方を知るには、まず伝記を読むことが近道となります。日蓮聖人の伝記は、時代とともにいくつか出版されています。室町時代には、身延山十一世日朝《にっちょう》の記した『元祖化導記《がんそけどうき》』があり、江戸時代には印刷技術の進歩とともに、数々の日蓮聖人伝が出版されました。現在では、「日蓮」と書名をつけられた出版物が、研究者・宗教家・小説家といったさまざまな立場の人から刊行されています。

有名な日蓮聖人絵伝としては、窪田統泰《くぼたとうたい》の『日蓮聖人註画讃《ちゅうがさん》』があります。幕末期には、小川泰堂《おがわたいどう》『日蓮大士《だいし》真実伝』が出版され、霊性ある日蓮聖人像が、挿絵とともにイメージされていきました。昭和時代に入って、植中直斉《うえなかちょくさい》画の『日蓮聖人絵伝』が身延久遠寺より刊行され、註画讃を基調とした昭和期の日蓮聖人伝記が描かれています。
ここでは、天保二年（一八三一）に歌川国芳《うたがわくによし》（一七三九〜一八六一）が描いた『高祖御一代《こうそごいちだい》略図《りゃくず》』（身延文庫蔵）を取り上げ、生涯の中のドラマチックな場面をみていきます。

●『高祖御一代略図』の構成

国芳によって取り上げられた場面は、①「東条小松原《とうじょうこまつばら》」（小松原法難）、②「鎌倉霊山ケ崎祈雨《かまくらりょうぜんがさききう》」（祈雨の法論）、③「相州龍之口御難《そうしゅうたつのくちごなん》」（龍口法難）、④「依智星降《えちほしくだり》」（星降の霊梅）、⑤「佐州流刑角田波題目《さしゅうるけいかくたなみだいもく》」（波題目）、⑥「佐州塚原雪中《さしゅうつかはらせっちゅう》」（塚原三昧堂）、⑦「甲斐国石和川鵜飼亡魂化導《かいのくにいさわがわうかいぼうこんけどう》」（鵜飼の亡魂教化）、⑧「小室山法論石《こむろさんほうろんせき》」（山伏問答）、⑨「身延山七面大明神示現《みのぶさんしちめんだいみょうじんじげん》」（龍女教化）、⑩「上人利益蒙古軍敗北《しょうにんりやくもうこぐんはいぼく》」（蒙古襲来）の十場面です。

これらは、松原法難・龍口法難といった四大法難、波題目・蒙古襲来・小室山法論・祈雨祈祷《きとう》・星降り梅といった各地での奇瑞《きずい》、龍女・鵜飼《うかい》の霊といった教化の場面がクローズアップされ、ドラマチックに描かれている点が特徴です。版行された時代も祖師信仰全盛の時代で、日蓮聖人の法難に負けない姿勢や法華経の行者としての姿が強調されています。特に、佐渡での雪や依智・角田、といった佐渡流罪に関わるシーンが多く取り入れられていることが印象的です。やはり、日蓮聖人の思想形成にとって佐渡という場所が重要であり、物語の題材として、あまりにも劇的であったからでしょう。こうして、取り上げた作品の内容からも、国芳の法華信仰を読み取ることができます。

十の場面で日蓮聖人伝を描くのは、なかなか難しいことです。仮名草子《かなぞうし》の『日蓮記』は、承応三年（一六五四）四月に板行された聖人の伝記で、小松原法難・龍口法難・蒙古襲来・入滅の四つの場面を挿画として取り上げています。両者の取り上げられた場面を比較すると、入滅を除く三カ所が国芳の作品と共通する点です。

作者の国芳は、当時の浄瑠璃・歌舞伎などに描かれた日蓮聖人像を参考にしているようです。そして、主に聖人の生涯の後半部分にあたる伝記の中で、奇瑞といった点に焦点を絞り、描きあげました。これが祖師信仰全盛期の作品として特徴づけられる点であり、江戸時代後期の法華信仰を感じさせる代表的な作品といえましょう。

◆歌川国芳《うたがわくによし》について

江戸時代後期を代表する浮世絵師の一人です。国芳は、同時代に活動した葛飾北斎《かつしかほくさい》や歌川広重《うたがわひろしげ》らの人気絵師に比べ、日本における評価は必ずしも高いとはいえません。

しかし、「幕末の奇想の絵師」といわれ、作品は役者絵・武者絵・美人画・名所風景から戯《ぎ》画《が》・春画まで、さまざまなジャンルにわたっています。猫を擬人化した作品や、狸《たぬき》・雀・蛸《たこ》などの身近な動物を擬人化して世相を風刺したり、動物に託して江戸庶民の生活を描写した作品もありますが。法華信仰を持っていたこともあってか、日蓮聖人にまつわる作品も多く残されています。

●『高祖御一代略図』各場面の解説

①「東条小松原《とうじょうこまつばら》」（小松原法難）【写真1参照】

伊豆流罪を赦《ゆる》された翌年、安房へ帰った日蓮聖人は、師匠であった道善房《どうぜんぼう》と対面し、法華経の教えを説きました。道善房にとってみれば、法華経の教えがいかに勝《すぐ》れていたとしても、法華経に改宗することはとうていできないことでした。

文永元年（一二六四）十一月十一日、道善房と別れて信者工藤吉隆《くどうよしたか》の邸へ向かう途中、小松原にさしかかりました。地頭であった東条景信《とうじょうかげのぶ》が、多くの念仏信者を連れて待ち伏せをしていました。お供の鏡忍房《きょうにんぼう》は矢を受けて倒れ、知らせを聞いて駆けつけた吉隆は殉死しました。聖人も額に傷を負いましたが、辛《かろ》うじて難を逃れました。後に、この地に鏡忍寺が建立されています。

②「鎌倉霊山ケ崎祈雨《かまくらりょうぜんがさききう》」(祈雨の法論)【写真2参照】

文永八年の春以来、天候は不順で旱魃《かんばつ》が続きました。人々は雨乞いの祈祷を極楽寺の良観《りょうかん》(忍性《にんしょう》)に願い出ました。良観は大寺の住持として地位が高く、人々の信望も厚かったため、断ることなく、稲村ヶ崎の海岸で雨乞いの祈祷を修しました。ここは、岬が海に突き出ている地形で、潮の流れも早く、波はいつも高いうねりをあげている場所です。良観は、海岸に僧侶百二十余名を集めて読経しました。

日蓮聖人はこのありさまを聞き、「もし七日間のうちに雨が降れば、私は良観の弟子になります」「しかし、もし雨が降らなければ、良観を本物の僧と認められません」と対決姿勢をみせました。結果、七日間は雨が降らず、聖人は三度にわたって良観に警告の使いを出しています。その後、聖人が弟子とともに祈祷を行うと雲が動き、すぐに雨が降り出したということです。

③相州龍之口御難《そうしゅうたつのくちごなん》(龍口法難)【写真3参照】

清澄寺《せいちょうじ》を追放された日蓮聖人は、鎌倉に出て松葉谷《まつばがやつ》の草庵を拠点に布教活動を行っていました。当時の都の人々が往来する鎌倉小町で辻説法《つじせっぽう》を行い、道行く人々に法華経の教えを説いてい

【写真 1】 東条小松原（身延山久遠寺蔵、以下同）

【写真 2】 鎌倉霊山ヶ崎祈雨

【写真 3】 相州龍之口御難

【写真 4】 依智星降

【写真 5】 佐州塚原雪中

【写真 6】 甲斐国石和川鵜飼亡魂化導

【写真 7】 小室山法論石

【写真 8】 身延山七面大明神示現

ます。盛んに布教活動を行っている日蓮聖人の姿をみて、次第に帰依するものも出てきました。鎌倉幕府は、これをよく思っていなかったので、文永八年九月十二日、日蓮聖人を捕らえ、その夜半に龍ノ口刑場（現在神奈川県藤沢市）で殺害しようと企《くわだ》てました。刑場で役人が刀で斬りかかると、江の島の方角から光る物が飛んできて、役人の目がくらみ、聖人は、生涯最大の危機を免れることができたのでした。これより、佐渡流罪の旅となります。片瀬の刑場跡には、龍口《りゅうこう》寺《じ》が建立され、龍口法難の霊跡として九月十二日には、法難会《ほうなんえ》が修されています。

④依智《えち》星降《ほしくだり》（星降の霊梅）【写真4参照】

龍ノ口での斬首を免れた日蓮聖人は、佐渡流罪となり、領主である北条宣時《ほうじょうのぶとき》の預かりとなります。九月十三日未明の丑《うし》の刻（午前二時頃）日蓮聖人は、宣時の家来で佐渡を管理していた相《さ》模国《がみのくに》依智《えち》（厚木市付近）の本間六郎左右衛門重連《しげつら》の館に連れられていきました。

その日は、ちょうど中秋の名月であったので、聖人は、月天子《がってんし》に向かって祈りを捧げました。すると、明星のごとき大星が下ってきて、近くの梅の木にかかりました。

この奇瑞に驚いた多くの武士・百姓が入信したと伝えられています。この絵は、聖人と明星天子の話を描いたもので、ゆかりの妙純寺《みょうじゅんじ》（厚木市）には星下りの霊梅が現存しています。

⑤佐州流刑角田波題目《さしゅうるけいかくたなみだいもく》（波題目）

依智でしばらく過ごした日蓮聖人は、佐渡に向かうことになりました。十月二十七日、越後の寺泊から佐渡に渡る予定でしたが、天候が急変して強い西風に吹かれて北の角田浜に吹き戻されてしまいました。そこで角田浜に泊まった日蓮聖人は、翌二十八日佐渡へ向けて再び船出しました。ところが、冬の日本海、再び風が吹いて、海は大荒れになりました。船が今にも波にのまれそうになった時、聖人は甲板に立ち、舟の櫓《ろ》で波の上に「南無妙法蓮華経」の七字の題目を書きました。すると、波は静まり、船は無事佐渡の松ヶ崎に着くことができたということです。この時の題目を「波題目」といい、不思議にも波間にお題目が浮かび出たといわれています。

角田には、「波題目」の他に「岩題目」「岸題目」が伝えられ、三題目の霊場として妙光寺《みょうこうじ》（新潟市）が建立されています。なお、松ヶ崎にある本行寺《ほんぎょうじ》（佐渡市）は、「日蓮聖人御着岸の霊地」として、平成十八年に日蓮宗の宗門史跡に指定されています。

⑥佐州塚原雪中《さしゅうつかはらせっちゅう》（塚原三昧堂）【写真5参照】

波題目の祈祷によって、日本海は静かになり、十月二十八日佐渡の松ヶ崎に到着しました。島は、すっかり雪景色となり、漁村の冬は人影もありませんでした。聖人は、深い雪に閉ざされた山道の中を歩き続け、塚原という流罪人の生活する場所にようやく辿《たど》り着きました。この三昧堂《さんまいどう》にて信仰生活を送り、その間に念仏信者であった阿仏房《あぶつぼう》を教化しています。

佐渡における約四年の生活の中で、日蓮聖人は法華経の行者としての自覚に目覚め、『開目抄《かいもくしょう》』『観心本尊抄《かんじんほんぞんしょう》』といった大著を著しています。なお、塚原三昧堂の地に根本寺《こんぽんじ》（佐渡市）が、一谷の地に妙照寺《みょうしょうじ》（佐渡市）が、阿仏房ゆかりの地に妙宣寺《みょうせんじ》（佐渡市）が、それぞれ建立されています。

⑦甲斐国《かいのくに》石和川《いさわがわ》鵜飼《うかい》亡魂《ぼうこん》化導《けどう》（鵜飼の亡魂教化）【写真6参照】

文永十一年五月、身延の御草庵に入る前に日蓮聖人は、甲斐の国一円を巡教されました。鬼《き》苦《く》ヶ島（菊島）の辻堂で休息されたところ、鵜飼勘作《うかいかんさく》の亡霊に接し、懺悔《さんげ》の話を聞いて哀れに思い、説法教化されました。弟子の日朗《にちろう》は石を集め、日向《にこう》は墨をすり、聖人自ら筆を取って、法華経一部八巻二十八品の全文字を三日夜の間に一字一石の経石に書写しました。これを鵜飼川（もと石和川、現在は笛吹川）の水底に沈め、川施餓鬼《かわせがき》大法要を修して亡霊を成仏させました。日蓮聖人は、この亡霊を供養するため、川の畔に小さな塚を作ってこの地を去りました。

後に、遠妙寺《おんみょうじ》四世日養《にちよう》により鵜飼堂が建てられました。鵜飼漁翁《ぎょおう》は、もと平大納言時忠と称し、清盛の北の方二位殿の弟と伝えられています。甲斐へ流れて石和の里に居住し、鵜飼を職業としました。しかし、殺生禁断の観音寺の寺領である石和川で漁をしたことが知れ、村人に捕らえられて岩落という場所の水底に沈められたということです。この地に、遠妙寺（笛吹市）が建立され、「鵜飼の寺」として信仰をあつめています。ここで、毎年九月十六日に行われる川施餓鬼は有名で、日蓮宗施餓鬼の根本霊場といわれています。また、榎並《えなみ》佐衛門五郎が作り、世阿弥《ぜあみ》元清が改作した謡曲「鵜飼」が有名で、遠妙寺でも演じられています。

⑧小室山《こむろさん》法論石《ほうろんせき》（山伏問答）【写真7参照】

小室山は、甲斐国にある真言宗の名刹で、修験道《しゅげんどう》の拠点として多くの僧侶が修行をしていました。日蓮聖人は、小室の地に通りかかると、住持であった善智法印《ぜんちほういん》と対面しました。当時の小室山は、仁王護国院金胎山《にんのうごこくいんこんたいさん》と号する真言宗寺院で、東国における修験の拠点でした。善智は、由緒ある寺院の中で法印に叙せられている高僧であり、日蓮聖人の法力を聞いた善智は、弟子を率いて聖人との法論を買って出ました。善智は、真言の秘法をもって聖人の座っていた大石を空中にあげたところ、聖人は、題目によってこれを空中にとどめました。この奇瑞により、善智は、聖人の弟子となったということです。現在、小室に妙法寺（南巨摩郡増穂町）という寺院が建立され、霊験《れいけん》あらたかな毒消し護符が頒布されています。

⑨身延山七面大明神示現《みのぶさんしちめんだいみょうじんじげん》（龍女教化）【写真8参照】

日蓮聖人が身延山の山中で高座説教を行っている時、龍が出現し、周りの聴衆が驚いている構図となっています。この様子に関して、次の伝承があります。

五十六歳の聖人が、御草庵より少し登ったところにある大石（今の高座石・妙石坊）で説法していた折、聴衆の中に妙齢の美女が熱心に聴聞していました。居並ぶ人々は、見たこともないきれいな女性がおり、いったい誰だろうと思っていました。そこで聖人は、その不審を晴らすため、女人に向かって「そなたは何処《いずこ》より毎日詣《もう》でに来るのか」と尋ねました。すると女性は、一礼して「私は七面山の池のほとりに住んでいます。このたびようやく念願が叶い、聖人のお話を聞き、苦しみを逃れることができました」といいました。聖人が、「そなたの本体をみせてやりなさい」といって、彼女の頭上に花瓶の水を注ぐと、彼女は、龍となり、七面山のある西方の空に飛んでいきました。現在でも、この伝承を顕彰し、毎年九月十七日から三日間、七面山では大祭が行われています。高座石がある地には、妙石坊が建立され、七面山の参道口として江戸時代以降、多くの参詣者が巡拝しています。

⑩上人利益蒙古軍敗北《しょうにんりやくもうこぐんはいぼく》（蒙古襲来）

文永十一年（一二七四）十月、元《げん》（中国）のフビライは、日本国への侵略を開始しました。元軍約二万五千、高麗軍約八千が九百艘の船を連ねて大陸を立ち、対馬《つしま》から壱岐《いき》、そして九州の平戸に入りました。その後、体制を整えて博多へ侵入しました。その時、暴風雨が襲い、約三百艘《そう》の船が沈み、残りの船は引き返し、再び博多へ渡ることはありませんでした。この時に、日蓮聖人が書した旗曼荼羅《はたまんだら》を掲げたお陰で日本国は助かった、という伝承が伝わっています。

日蓮聖人は、『立正安国論《りっしょうあんこくろん》』で予言した他国侵逼難《たこくしんぴつなん》（他の国が襲ってくる災難）が起きたことを確信しました。この原因について、天照・八幡をはじめとする諸天善神がこの国を捨て去ってしまい、謗法《ほうぼう》の国になってしまったからとしています。そして、法華経を誹《そし》るとこの国は滅びてしまうとし、蒙古襲来は、これを裏付ける出来事であると述べています。

明治三十七年、日蓮聖人銅像のある東公園の中に、元寇史料館《げんこう》（福岡市）が建立されました。ここには、文永の役《えき》・弘安の役に関する資料、二度におよぶ蒙古襲来に関する武具、矢田一嘯《やだいっしゅう》作の「元寇」などが展示されています。

日蓮聖人の真蹟遺文を味わう

●ご遺文・ご真蹟とは

日蓮宗寺院や檀信徒宅に護持《ごじ》される宝物《ほうもつ》は、信仰の財産です。これには、曼荼羅《まんだら》本尊・仏像・仏具・古文書・典籍・建造物・金石文《きんせきぶん》といった種類のものがあります。特に、寺院に所蔵される宝物は、寺宝《じほう》とも呼ばれています。

この宝物は、信仰の財産であり、日蓮聖人から六老僧、寺院の歴代に関係するものまであげれば数え切れません。その中でも、開祖に直接関係する曼荼羅本尊・書籍・袈裟《けさ》・衣・数珠などの宝物は、最も大切にされます。

日蓮聖人が残された文章のことを、ご遺文《いぶん》といいます。これは宝物の代表的なものであり、御《ご》書《しょ》・祖書《そしょ》とも呼ばれています。特に、聖人自筆のものは、ご真蹟《しんせき》（ご真跡）・ご真筆《しんぴつ》・ご直筆《じきひつ》と呼ばれ、日蓮宗の寺院や檀信徒宅では大切に護持されています。

日蓮聖人の教えを知るためには、聖人が書かれたご遺文が重要な資料となります。このご遺文を知る基本文献として、立正大学日蓮教学研究所編『昭和定本日蓮聖人遺文』四巻があります。この書に収録されたご遺文は、ご真蹟が伝えられているものばかりではなく、火災といった天災や盗難・紛失といった人災によって失われてしまったものがあります。しかし、ご遺文の中には、後世の写本によって蘇る場合もあります。

また、曽存《そうそん》といって、かつてその寺院に護持されていたことが寺宝目録や関連した文献によってわかることがあります。さらには、先師によるご真蹟書写（臨写）によって、聖人の法華信仰の世界が蘇ることもあり、有り難いことです。

ご遺文のかたち

ご遺文として今日に伝わるものは、次にあげる五種類の内容のものがあります。

1、日蓮聖人が自ら書かれた曼荼羅本尊で、現在百二十余点が伝えられています【次頁写真参照】。

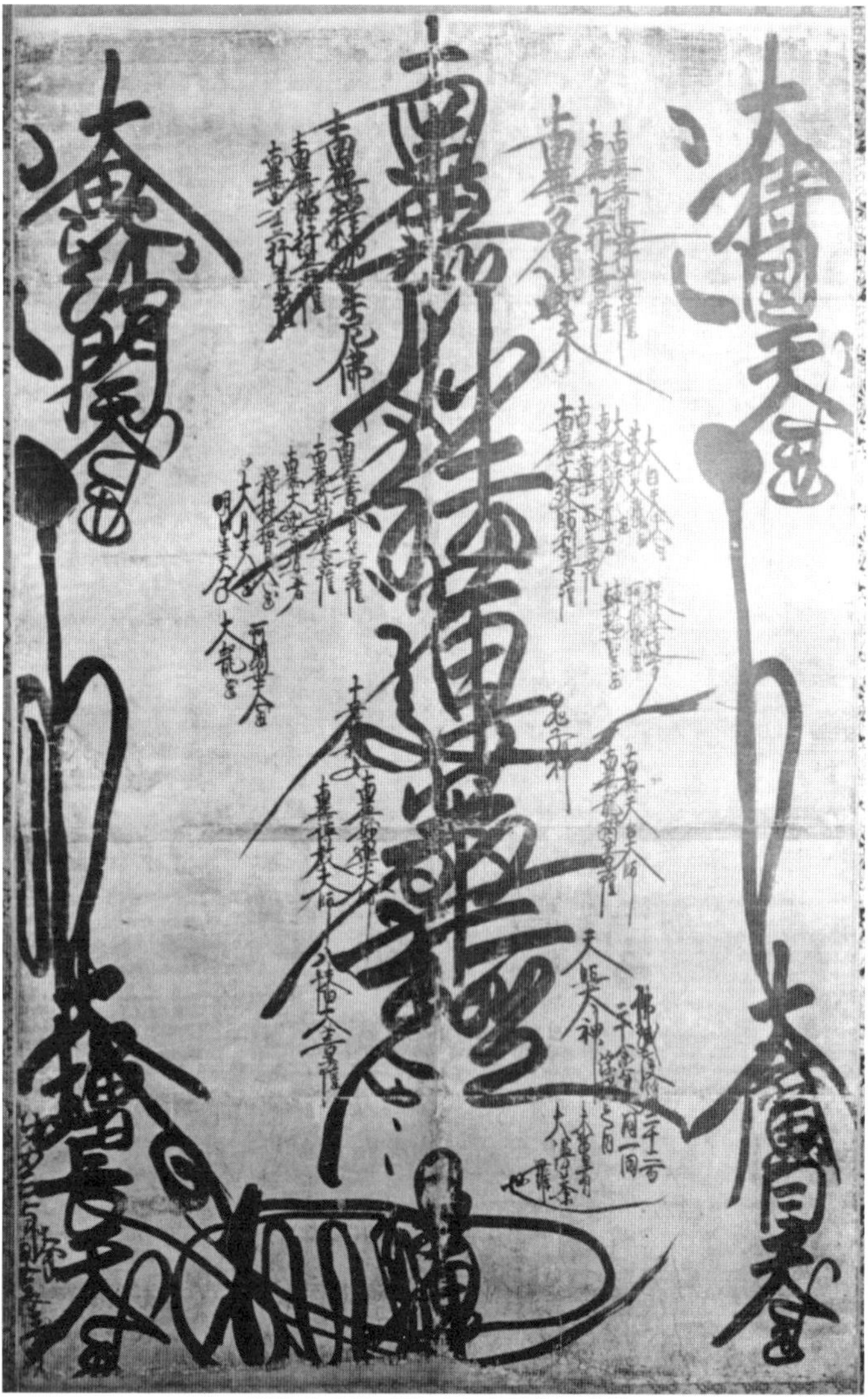

日蓮聖人真筆「臨滅度時曼荼羅本尊」
（鎌倉市妙本寺蔵）

2、日蓮聖人の著書で、代表的なものに『立《りっ》正安国論《しょうあんこくろん》』『観心本尊抄《かんじんほんぞんしょう》』【下写真参照】があります。

3、日蓮聖人が自ら書かれた書状で、現在八十点余真蹟が伝えられています。

4、日蓮聖人が自ら書写された写本類・要文集で、本全体を写したものや、部分的に写したものなどがあります。

5、日蓮聖人が著わした図・絵類で、代表的なものに『一代五時図《いちだいごじず》』があります。

　これらの他にも、法華経を注釈した『註法華経』や弟子・檀越《だんのつ》の名前で代筆したものがあります。これらのご遺文の数量は、現在確認されているものでしか判断することができません。しかし、

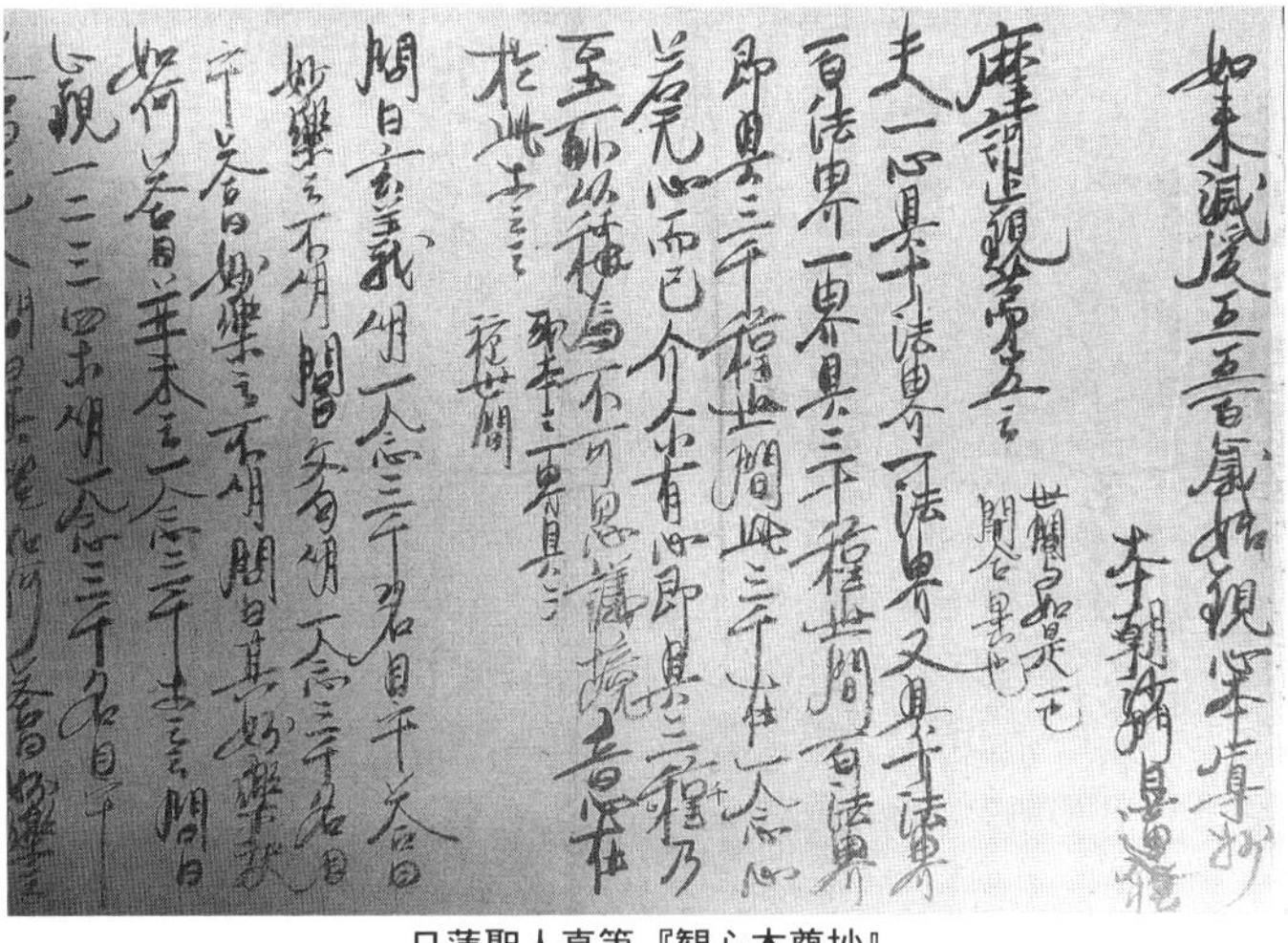

日蓮聖人真筆『観心本尊抄』
（中山法華経寺蔵）

何らかの理由によって失われたものを含めれば、ご遺文は相当の数であったと思われます。鎌倉新仏教の開祖である栄西《えいさい》・道元《どうげん》・法然《ほうねん》・親鸞《しんらん》に比べれば、日蓮聖人のご遺文は比較的伝存しているほうであり、いかに聖人が筆をとっていたかが窺《うかが》えます。

資料の性格からみると、規約・証文類、過去帳などの古記録類はその性格から大切にされる場合が多いといえます。しかし、書状は、移転の場合に焼かれたり、捨てられたりすることが多々あります。鎌倉時代は、物のない時代のため、紙は大切にされ、裏面に書かれて再利用されることがよくありました。つまり、本来表《おもて》としてのものが、裏文書（紙背文書）として伝えられることがあり、聖人のご遺文にもしばしばみられます。

伝来形態の上から分類してみると、①全体が伝わるもの、②一部分が失われているがほぼ全体が伝わるもの、③一部分のみが伝わるもの、があります。③の中には、全体の文章が後世の写本によって復元された「断片《だんぺん》」や全体の文章が不明である「断簡《だんかん》」と称されるご真蹟があります。これらは、家の守護札として大切にお祀りされたり、部分的に切り取って、弟子や信徒に分けて護持されていったものもあります。一方、護符として文字の一字や聖人の花押《かおう》部分を切り取って服用した例もあります。

いずれにしても、文字の一字一字が聖人の心を映し出すものであり、まさに信仰の遺産といえます。そして、すべてのご遺文がそのまま日蓮聖人の教えそのものであることから、ご真蹟を「聖教《しょうぎょう》」と呼んで、古い時代から大切にしています。

ご遺文を拝する

日蓮聖人のご遺文が多く伝えられたのは、身延山久遠寺と中山法華経寺です。久遠寺は明治八年（一八七五）の火災で、所蔵するほとんどのものが失われてしまいました。一方、法華経寺の「聖教殿《しょうぎょうでん》」【下写真参照】には、七十六点にものぼるご真蹟が格護《かくご》され、その多くが国宝・重要文化財に指定されています。

近年、日蓮宗という宗派行政の中枢機関である宗務院では、日蓮宗の宗宝に指定された日蓮

中山法華経寺の「聖教殿」

聖人ご真蹟の護持に務めています。特に、曼荼羅本尊を中心とするご真蹟が修理され、後世への信仰遺産として保存されているのは好ましいことです。また、国や市町村の文化財として登録されることによって保存され、後世へ伝えることも一つの手段といえます。いずれにしても、所蔵者はご遺文を大切に護持し、周囲の者もこれを支援していくことが必要であるのはいうまでもありません。

ご遺文を習学することは、日蓮聖人の書かれた文字を一字一句大切に読むことから始まり、聖人の信仰に近づく一つの方法です。先に紹介した『昭和定本日蓮聖人遺文』は、その基本文献です。多くのご真蹟を格護する千葉の本山・中山法華経寺では、毎年十一月三日に聖教殿においてご真蹟の「お風入れ」が行われています。全国のご真蹟を所蔵する寺院でも、寺宝の虫干しの折に出陳される場合があります。

ご遺文を学ぼうとする私たちは、法華信仰の証しといえるご真蹟を直接拝することによって、学ぶことが多々あります。例えば、聖人の筆使いや墨継ぎなどであり、これは活字になったご遺文ではわからないことです。さらには、聖人の書かれた時のご心境や周囲の状況を知ることができますので、直接拝観してみることは、ご遺文理解のためにはよいことといえます。

第二章

法華教団の歴史と伝統

法華系諸宗派の歴史

現在の主たる宗派仏教の中で、日蓮宗という開祖の名を宗派名とするのは、日蓮宗のみです。明治期以前は、法華宗と総称され、その中で分派が生じていました【次頁図参照】。また、日蓮聖人の法脈を継承する僧侶は、日号《にちごう》を名乗っている僧が多いのが特徴といえます。

これらのことを念頭に置き、法華系諸宗派誕生の歴史を概観し、現在に至るまでのあゆみについてみていきましょう。

日蓮聖人の入滅と六老僧

弘安五年（一二八二）十月十三日、開祖日蓮聖人は、武蔵国《むさしのくに》の檀越《だんのつ》・池上宗仲《いけがみむねなか》の館で、六十一歳の生涯を閉じました。

既に、入滅前の十月八日、日蓮聖人自ら、本弟子六人（六老僧、日昭《にっしょう》・日朗《にちろう》・日向《にこう》・日興《にっこう》・日《にっ》

法華系諸宗派の系図

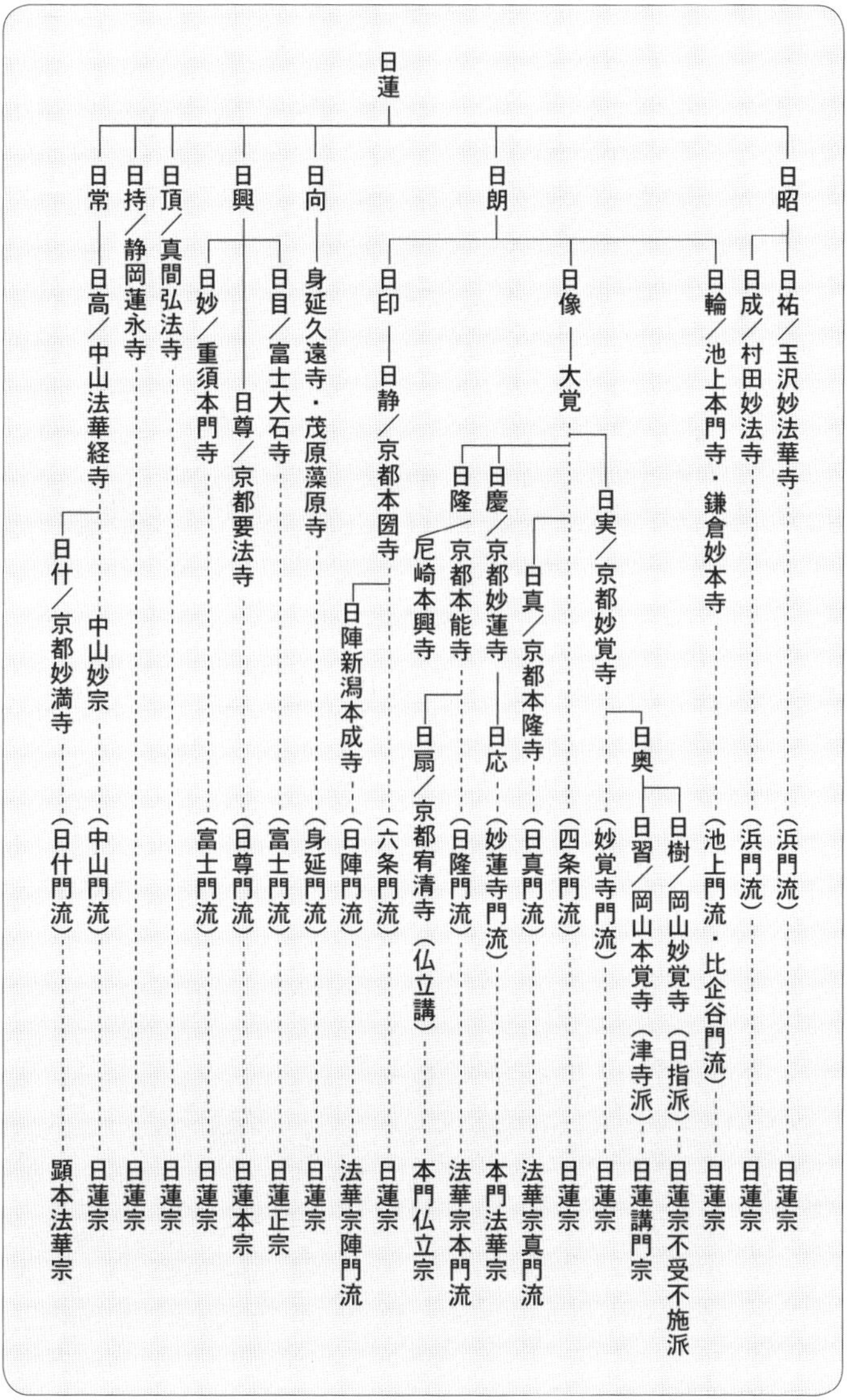
日蓮
日昭
日祐／玉沢妙法華寺
（浜門流）
日蓮宗
日成／村田妙法寺
（浜門流）
日蓮宗
日朗
日輪／池上本門寺・鎌倉妙本寺
（池上門流・比企谷門流）
日蓮宗
日像
大覚
日実／京都妙覚寺
日奥
日樹／岡山妙覚寺
（日指派）
日蓮宗不受不施派
日習／岡山本覚寺
（津寺派）
日蓮講門宗
（妙覚寺門流）
日蓮宗
（四条門流）
日蓮宗
日真／京都本隆寺
（日真門流）
法華宗真門流
日慶／京都妙蓮寺
日応
（妙蓮寺門流）
本門法華宗
日隆
京都本能寺
尼崎本興寺
（日隆門流）
法華宗本門流
日扇／京都宥清寺
（仏立講）
本門仏立宗
日印
日静／京都本圀寺
（六条門流）
日蓮宗
日陣新潟本成寺
（日陣門流）
法華宗陣門流
日向
身延久遠寺・茂原藻原寺
（身延門流）
日蓮宗
日興
日目／富士大石寺
（富士門流）
日蓮正宗
日尊／京都要法寺
（日尊門流）
日蓮本宗
日妙／重須本門寺
（富士門流）
日蓮宗
日頂／真間弘法寺
日蓮宗
日持／静岡蓮永寺
日蓮宗
日常
日高／中山法華経寺
中山妙宗
（中山門流）
日蓮宗
日什／京都妙満寺
（日什門流）
顕本法華宗

日蓮聖人涅槃図
（著者蔵）

頂《ちょう》・日持《にちじ》）を定め、今後の教団運営を託していま す【上写真参照】。この中で日持は、海外布教を決意し、単身奥州・北海道を経て中国大陸に渡ったといわれています。他の五師と中山の日常《にちじょう》は、各地で門流を形成しましたが、教線は相模・武蔵・伊豆・甲斐などの東国が中心であり、まだまだ全国的には及んでいませんでした。

この状況下で日蓮の遺命を受けた日像《にちぞう》は、京都への布教を開始しています。

●六老僧と輪番奉仕

日蓮聖人滅後、日蓮聖人の御廟《ごびょう》を守るために、本弟子六人（六老僧）を中心とした輪番《りんばん》で守護し、給仕することが決りました。日興が記した『御遷《ごせん》化記録《げきろく》』（静岡県西山本門寺蔵）には、一月は日昭、二月は日朗、三月は越前公・日賢、四月は日頂、五月は日持、六月は日弁・日秀、七月は伊賀公・日合、八月は日法・日位、九月は日興、十月は日実・日目、十一月は日向、十二月は日秀・日華とあります。このメンバーには、日蓮聖人や日興の弟子といった人物が多く登場し、輪番給仕者のほとんどといってもよい状況でした。また、日《にち》位《い》が記したと伝えられる『御葬送日記《ごそうそうにっき》』【下写真参照】にも、同様の記述がみられます。

輪番にあげられた多くの弟子は各地域で布教に専念しており、当時の交通事情もあって、次第に輪番制を行いにくい状態となっていきました。そこで弘安八年（一二八五）の末頃から、日興は南《なん》部《ぶ》（波木井《はきい》）実長《さねなが》や日昭・日朗各師の同意を得て身延に常住することになり、院主となります。

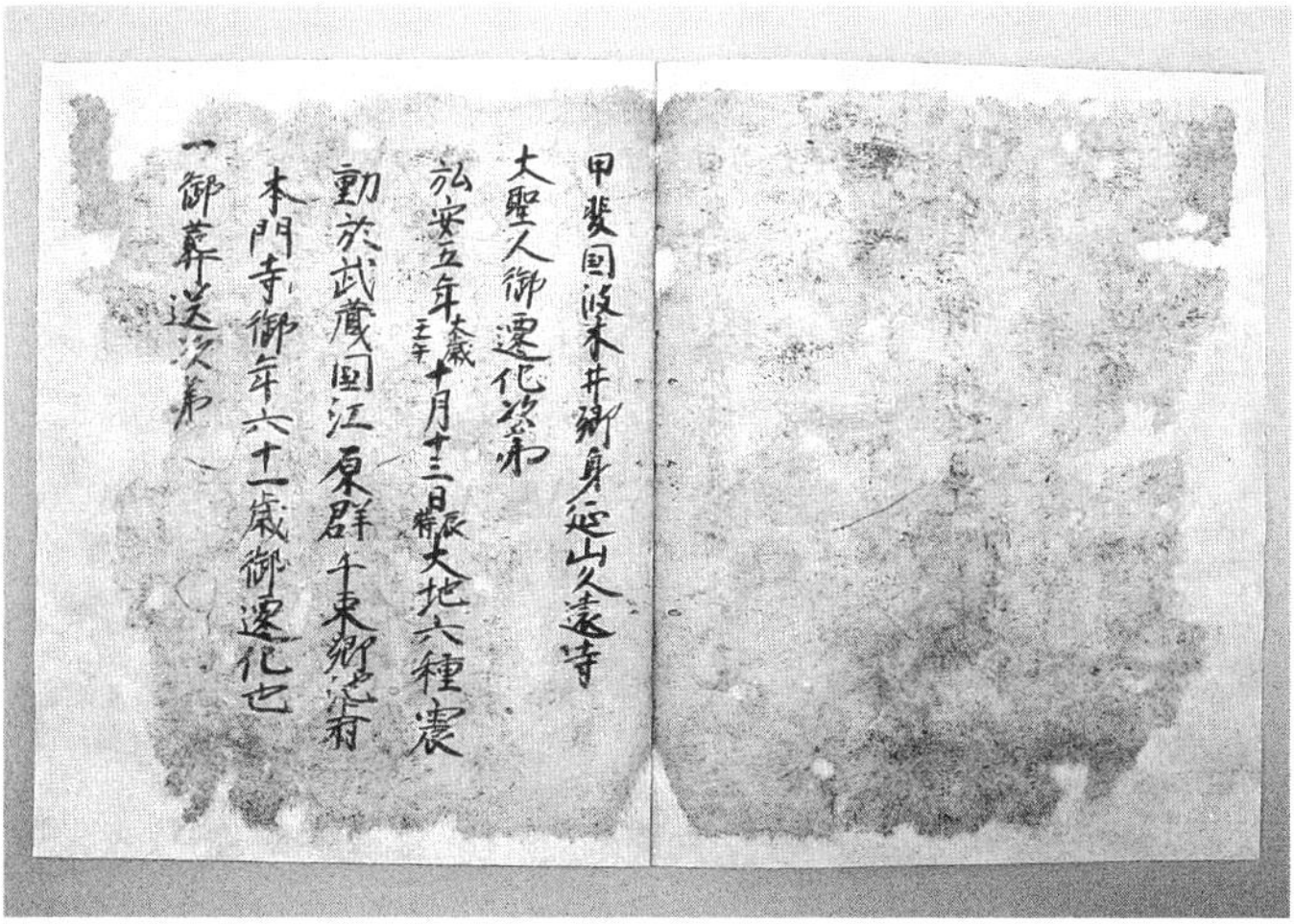

『御葬送日記』
（静岡市本覚寺蔵）

その翌年、日向が登山して学頭職《がくとうしょく》につきました。ところが、日興は厳格一徹であったため、実長との間に亀裂が生じています。一方、日向は、温和で寛容な人柄でした。よって、両者の性格は、教化活動の面にも各々の特徴をみせていたため、次第に対立の色を濃くしていきました。

京都における門流の展開

永仁二年（一二九三）上洛した日像は、京都の有力商工人である柳酒屋仲興《やなぎざかやなかおき》の帰依を受け、元亨元年（一三二一）に妙顕寺《みょうけんじ》が建立されました。妙顕寺は、建武元年（一三三四）に至ると、弘通《ぐづう》の公許を得て後醍醐天皇の勅願寺《ちょくがんじ》となっています（四条門流）。日朗門流の日静《にちじょう》も、貞和元年（一三四五）六条堀川に本国寺《ほんこくじ》（後の本圀寺）を建立し（六条門流）、この二カ寺を中心に公家・武家の帰依を得て法華教団は勢力を拡大していきます。

摂受と折伏

京都における法華教団の発展には、目覚ましいものがありました。しかし、当時の布教方法や日蓮聖人の教義解釈をめぐって、疑問を抱く僧も増えていきました。そこで、強力な布教姿勢をもってのぞむ諫暁《かんぎょう》活動（強義折伏《ごうぎしゃくぶく》）を行う僧たちと、穏健な布教姿勢（摂受《しょうじゅ》）を持つ活動を行う僧たちとが、対立するようになっていきました。

中山門流の日什《にちじゅう》は、永徳元年（一三八一）に上洛して妙満寺《みょうまんじ》を建立しています（日什門流）。妙顕寺内においては、不受不施《ふじゅふせ》を主張する日実《にちじつ》が妙覚寺《みょうがくじ》（妙覚寺門流）を、日隆《にちりゅう》が法華経解釈の相違を理由に妙顕寺を退出して尼崎本興寺《あまがさきほんこうじ》・京都本能寺《ほんのうじ》を（日隆門流）、日真《にちしん》が妙顕寺を出て本隆寺《ほんりゅうじ》（日真門流）を、日応《にちおう》が妙蓮寺《みょうれんじ》（妙蓮寺門流）を、それぞれ建立しています。本国寺においては、日陣《にちじん》が退出して本禅寺《ほんぜんじ》（日陣門流）を建立し、各門流とも京都における布教拠点を獲得し、摂受的姿勢を批判しています。

こうして中世の法華教団は、六老僧を中心とした門流の分立から始まりました。根本経典である法華経の教義解釈をめぐって分派し、京都を中心として、現在の日蓮宗や法華宗各派の多くが誕生しています。

受派と不受派

安土桃山時代の法華教団は、為政者である織田信長・豊臣秀吉の仏教統制の中で、教団の対応を迫られるようになります。

文禄四年（一五九五）、秀吉によって京都方広寺《ほうこうじ》大仏殿の千僧供養会《せんぞうくようえ》の出仕を要請されました。

出仕するか否かについて、京都法華教団は話し合っています。争点は、法華経の信者でない秀吉から依頼されたことにありました。豊臣政権下で、政権に反発することは、教団の存続につながらないのではないかと考える一派と、一貫して謗法者《ほうぼうしゃ》からの供養を拒否する一派に分裂しました。結局、京都法華教団としては、出仕することを決め、不出仕を主張した日奥《にちおう》は、妙覚寺を出ることになりました。

徳川時代（江戸時代）に入っても、為政者からの供養を受けないし、施しもしないという不受不施派（不受派）の存在は、江戸幕府の問題とするところでした。そこで、国主の供養だけは受ける（王侯除外制《おうこうじょがいせい》）と主張をする受不施派（受派）と対立しました。両者は、寛永七年（一六三〇）、遂に江戸城で対決し（これを「身池対論《しんちたいろん》」という。後述）、幕府の裁決により不受派は敗退させられました。これは、法華教団を二分する程の大事件でした。この結果、不受派の拠点であった京都妙覚寺・池上本門寺は、受派の日乾《にちけん》・日遠《にちおん》がそれぞれ貫首《かんじゅ》となり、関東不受派の拠点である中山法華経寺・小湊《こみなと》誕生寺も配下に治めることになりました。

寛永九年に至ると、幕府は諸宗の本寺に末寺帳の提出を命じました。これにより、身延山久遠寺は、日蓮宗の総本寺となり、以降ピラミッド型の本末制度の頂点として君臨することになったのです。なお、この時期に僧侶の養成機関としての檀林《だんりん》が各門派で開設されました。ここでの師弟関係をもとに、法類（法縁）や僧侶の上下関係が形成されたことも忘れてはならないことです。江戸中期に至ると、幕府は全国寺社領の朱印《しゅいん》地を再調査し、再度朱印を交付することにしました。この方針に対し、御朱印は御慈悲の供養＝悲田《ひでん》として受けるという手形を提出した一派がありました（悲田不受不施派）。寛文九年（一六六九）には、不受不施派寺院の寺請けが禁止され、これ以降不受派の僧侶や信徒は、地下に潜行して信仰を維持していくことになります。千葉県や岡山県には、地下組織としての不受派の信仰組織やかくれ家が現在も存在し、不受不施の伝統を守っています。

近代の在家仏教教団の展開

幕末期に始まった在家仏教運動は、明治期に入ると発展していきました。その代表的なものに、仏立講《ぶつりゅうこう》と蓮門教《れんもんきょう》があります。

日隆門流から派生した八品講《はっぽんこう》は、嘉永元年（一八四八）に讃岐高松藩主の子松平頼該《まつだいらよりかね》によって高松八品講として発展しました。この時期に、本門法華宗の僧侶であった長松清風《ながまつせいふう》（日扇《にっせん》）は、教団への不信から還俗《げんぞく》し、安政四年（一八五七）に京都で仏立講を開いています。在家主義を通しましたが、間もなく僧侶が指導する教団に転換しています。その後、本門法華宗に属するようになり、太平洋戦争後には、独立して本門仏立宗となっています。

蓮門教は、島村みつが創立した法華神道系宗教で、教派神道の大成教に所属しています。法華経による現世利益を説き、明治十年（一八七七）後半から東京・中国・九州に教線を伸ばしましたが、三十年代以降、教団は衰えていきます。

また、田中智学は、日蓮主義を主張し、後に還俗《げんぞく》して、在家信者とともに「蓮華会」を設立しました。これは、立正安国会、国柱会と発展していきます。妙満寺（顕本法華宗）の貫首であった本多日生は、釈迦本尊論を提唱し、宗教改革・社会教化に尽力して天晴会を組織し、国家主義と同調して発展していきます。この二会は、後の法華系新興教団の思想（霊友会など）に大きな影響を与えていきました。

●一致派と勝劣派

近代の仏教界は、廃仏毀釈《はいぶつきしゃく》・神道国教化のあおりから各教団の再編成を余儀なくされます。法華系諸宗派においても、法華経の本門《ほんもん》段と迹門《しゃくもん》段の解釈の相違から、「一致派《いっちは》」と「勝劣派《しょうれつは》」に分かれます。金沢の充洽園から育ち、一致派管長となった日薩《にっさつ》は、明治九年（一八七六）、一致派を日蓮宗と公称することを願い出て許可されました。身延山久遠寺を総本山、池上本門寺・

中山法華経寺・京都妙顕寺・京都本圀寺《ほんこくじ》を大本山とする一致派の統一を行ったのです。

一方、勝劣派もそれぞれ派名を決め、明治三十一年（一八九八）妙満寺派は顕本法華宗、八品派は本門法華宗、越後本成寺派は法華宗（後の法華宗陣門流）、本隆寺派は本妙法華宗（後の法華宗真門流）とそれぞれ宗名を公称しました。

明治三十三年（一九〇〇）には、興門派八箇本山のうち、大石寺が独立して日蓮宗富士派（後の日蓮正宗）と称するようになりました。

江戸時代以降、地下に潜行していた不受不施派は、岡山県で信仰活動を行い、その一派の日正が幕末期から再興運動を行って、明治九年（一八七六）に公許され（日蓮宗不受不施派）ました。もう一派は、日講が中心となって同十五年に再興が許可され（日蓮宗不受不施講門派）、独立しています。

三派合同と日蓮聖人門下連合会

昭和六年（一九三一）、日蓮聖人の六百五十遠忌には、皇室から日蓮聖人に「立正大師《りっしょうだいし》」号が宣下されました。ここで、日蓮宗・日蓮正宗・本門宗・本門法華宗・顕本法華宗・本妙法華宗は、結束して日蓮門下教団の統合をはかっています。昭和十六年（一九四一）に太平洋戦争が勃発すると、政府の宗教統制に対応し、日蓮宗・本門宗・顕本法華宗の三派が合同して日蓮宗に、本門法華宗・法華宗・本妙法華宗が合同して法華宗となりました。第二次世界大戦の終戦を迎えた日蓮宗においては、三派合同の折の約束事項が守られなくなり、離脱や単立化する寺院も増えていきました。大きな動きとしては、妙満寺が日蓮宗を離脱し、顕本法華宗が設立されたことがあります。

昭和五十六年の日蓮七百遠忌の折、日蓮聖人門下に所属する教団は、正しい伝統を顕彰するために集まり、日蓮聖人門下連合会を結成しました。

●法華系新興教団の動向

大正十四年（一九二五）久保角太郎と小谷喜美は、法華経の功徳と祖先崇拝を結合した教義によって教線を拡大しました（霊友会）。後に会長の独裁的指導に反発して岡道正道（孝道教団）、高橋覚太郎（霊照会、後の三界教団）、井戸清行（思親会）、庭野日敬（立正佼成会）などが離反していきました。宮本ミツ（妙智会）、関口嘉一・トミノ（仏所護念会）も離反し、この時期に牧口常三郎（創価教育学会）が登場しました。こうして、大正・昭和期に法華系新興宗教といわれる在家信仰団体が生まれ、戦後各教団は巨大化していったのです。

これらの法華系新興教団の中で、創価学会を除く主な教団は、日蓮聖人の廟所のある身延山に参詣します。毎年、夏の時期になると、全国から教区や教会ごとの参拝者が訪れ、何台かのバスに分乗し、行衣・地下足袋といった白装束に身を固めた法華信者の姿がみられるようになります。

現在の法華系諸宗派（新興教団は含まず）は、63頁の図に掲げた通りです。日蓮宗をはじめとする諸宗派は、国内はもとより北米・南米・欧州といった地域を中心に布教拠点としての寺院・教会・結社・布教所を建立し、法華経や日蓮聖人の教義を全世界に弘めています。

——以上、法華教団の歴史は、まさに門流分派の歴史といえましょう。まず、日蓮聖人滅後に六老僧によって門流が形成されました。門祖といわれる僧は、自らを師・日蓮聖人の系譜と位置づけ、自門の正統を示しました。この後の門流分派の理由には、二つの大きな要因があります。その一つは、日蓮聖人以来の不受不施思想の継承が争点となっていることです。聖人の教義解釈から始まり、時代の為政者との思考の違いにより次第に袂《たもと》を分けて発展していく歴史であったといえます。もう一つは、根本経典とする法華経解釈の相違から分派を生じたことです。これらのことを契機に世の中との対応を迫られつつ、現在の法華系諸宗派が誕生していったのです。

法華教団事件史

本項では、法華教団史上に起こったさまざまな「事件」（出来事）を取り上げ、紹介します。

●日親と『本法寺縁起』、そして『本法寺法式』

文明十九年（一四一八）七月、日親《にっしん》**【次頁写真参照】**は本法寺《ほんぽうじ》再建のために『本法寺縁起《えんぎ》』を著し、広く寄付行為を行いました。そこで、自らの宗教活動を回顧して冒頭には、公武へ諫暁《かんぎょう》すること八回、拷問・禁獄の責めをたびたび受けたことを記しています。

日親の主張は、応仁・文明の乱後の荒廃の中で、京都に住む人々にとって大きな期待となっていました。なぜならば、日親の不屈な姿勢と魂は、新しい生き方を望んでいる町衆にとって依《よ》りどころとなったからです。

縁起によると、日親は生涯に三十ケ寺以上の寺院を建立したと伝えられ、『日親上人徳行記《とくぎょうき》』

には、次の寺院があげられています。

埴谷妙宣寺、中山法華経寺、肥前光勝寺、竹原妙覚寺、京都本法寺、梶原一乗寺、芝正傳寺、博多法性寺、石岡妙福寺（後に東京谷中へ移転）、佐賀称名寺（廃寺・現在日親寺）、唐津法蓮寺、植田親蓮寺、師子法蔵寺、山田常国寺、草土一乗寺、出雲大慶寺（光偏寺）、宝大寺、庄喜庵、宝蔵庵、七尾本延寺、越前妙高寺、堺本成寺、本牧妙光寺、大坂正法寺、本法寺真蔵院

日親（京都本法寺蔵）

これらの寺院は、日親とゆかりのある寺院として存在し、日親の伝記の中に位置付けられています。所在地は、日親が誕生した千葉方面から伝道活動を行った関西・中国・九州まで広がっています。これは日親の弟子が地方の代官として派遣され、その地域の布教にあたったことも影響しています。

◆『本法寺法式《ほっしき》』

本法寺には、衆僧として寺内に僧坊を持ち、自分の弟子を抱えながら日親に仕え、洛中の伝道に出向いた僧侶がいました。本法寺に居住する僧侶は、全体で百数十人に達したといわれます。

そこで、大規模になった衆僧の寺内秩序を整えるために、文明十六年（一四八四）次のような『本法寺法式』**【次頁写真参照】**を制定しました。これは、十八ヶ条からなる仮名書きで、末尾に日《にっ》祝《しゅく》他二十二名の僧侶が連署しています。

一、三時の勤行《ごんぎょう》を怠ってはいけません。

一、本堂の御番衆は、香・花・灯明など、一年中絶やしてはいけません。

一、本法寺で法談がある時には、衆徒は門外不出である。どうしても出なければならない時は、その前後に済ませなさい。

一、行き先を知らせないで、他所に宿泊してはいけません。

一、檀家から招かれて法事に赴いた僧は、供養が終わり次第、寺に帰ること。もし、用があって帰りが遅れる場合は、檀家の方から連絡させなさい。

一、出家の道に入ったので、居所を隠して他所に宿泊してはいけません。

一、大津や坂本以外の遠隔地を往還する場合、俗衣を着用してはいけません。
一、本法寺内に坊舎を建立したものは、万一過失があって寺を追放されることがあっても、その建物を門外へ壊して運ぶことはできません。知人に売り、その代物を受け取ることも禁止します。
一、もし過失を犯した僧侶が、訴訟の間自坊に篭っている時、二人三人と寄り合って茶湯などを汲み交したり、他寺や檀家宅に出入りしてはいけません。
一、僧衆の訴訟は、僧侶間で行うのが通例であって、俗人は、意見を言ってはいけません。これは日《にっ》暹《せん》上人以来の決まりです。
一、本法寺の僧衆に入るにあたり、本法寺で得度した者は、入衆の時に銭百疋《ひき》を納めなさい。他門流や他宗派から帰伏《きぶく》した者は、二百疋を本法寺に納めなさい。また、年をとって入衆する者は、

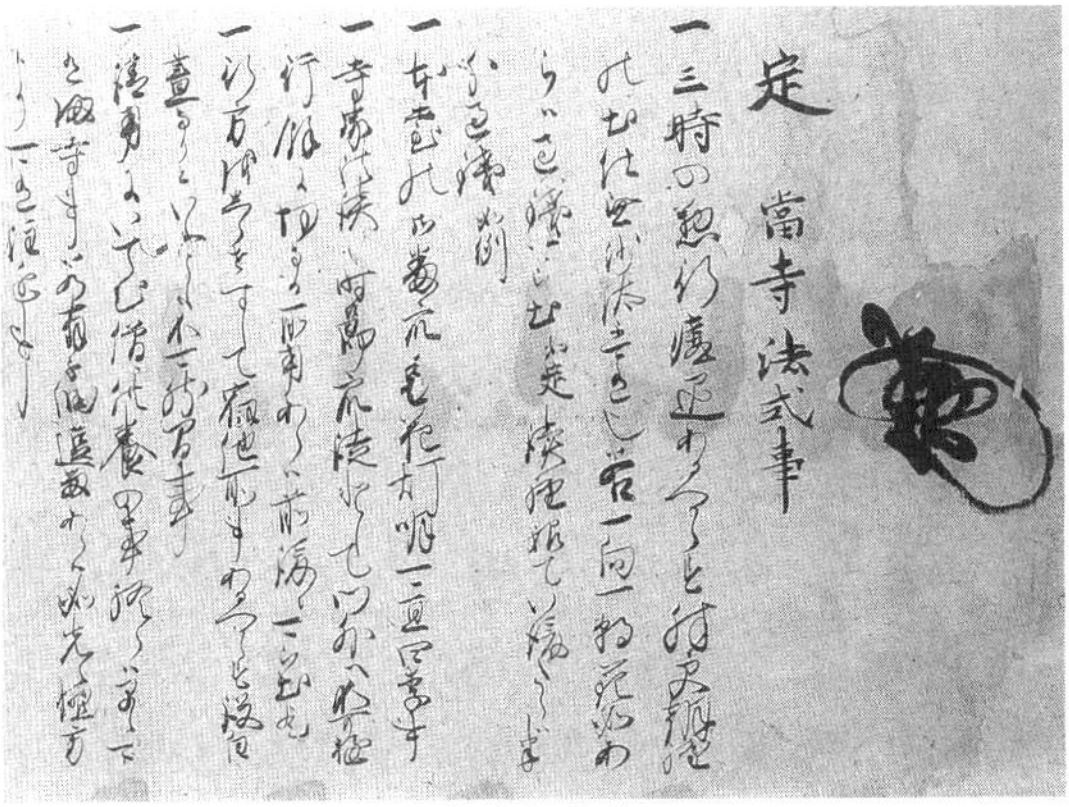
定
當寺法式事

『本法寺法式』
（京都本法寺蔵）

本法寺に千疋を納めなさい。

一、本法寺へ他門流や他宗から帰伏した僧侶の法臈《ほうろう》は、最初に披露したままとします。以後、法臈を偽ってはいけません。

一、本法寺で出家し、修行したといっても、途中で何かの事情で中絶し、再び帰参した者は、帰伏者として扱います。

一、本法寺の貫首（住職）の直弟子・孫弟子の関係について、孫弟子は、直弟子の二座ほど下席に座りなさい。

一、出家・得度について、出家・在家に限らず、本法寺の一門で一度も住持に会ったことがない者は、必ずその意見を伺いなさい。

一、門立無用の小路を往来することは、堅く禁止します。

一、本法寺の寺内において、帽子や笠を着用して歩いてはいけません。ただし、自坊においては、この限りではありません。

一、晩年になって出家した者は、縫衣布衣を着用すること。そして、内陣で勤行してはいけません。先例に習って堅く守りなさい。

――以上、十八ヶ条にみられるように、日親は、乱れた本法寺の寺僧の生活を引き締めるため、衆僧に対して厳しい規則を定めました。末尾に、この式目を堅く遵守すべきことを衆僧にいい聞かせていることからも、山内に周知徹底した規則であったことが窺《うかが》えます。

ここに書き上げられた僧侶以外にも、日親の高弟の中には、堺・鎌倉・山陰・山陽・九州といった地域の寺院を任され、伝道を行っている者がいました。

寛正の盟約

京都に教線が伸張し、四条門流の日像《にちぞう》、六条門流の日静《にちじょう》、富士門流の日尊《にちぞん》らが門流をそれぞれ形成していました。さらに、これらの門流の分派も生じたため、法華教団としてはまとまりを得ず、諸門流の間に対立が生じていました。特に、日什《にちじゅう》・日陣《にちじん》・日隆《にちりゅう》らの門流や富士門流といった勝劣派《しょうれつは》は、一致派《いっちは》を批判し、両派の対立には激しいものがありました。

こうした風潮の中で、門流の対立や一致・勝劣派の対立を解消し、門流間に和融をもたらそうとする動きが出てきました。そこで、寛正七年（一四六六）二月十六日、日蓮聖人誕生の日に京都諸門流が一同に会し、和合のための盟約を結びました。

この盟約の第三条・第四条を掲げると、

一、謗法《ほうぼう》の寺社には、参詣してはいけません。これを堅く禁止します。

一、謗者供養を受けてはいけません。ただし、世間の仁義愛礼を除きます。

と、社寺参詣・謗法者からの供養の点が掲げられています。つまり、謗法の寺院や神社に参詣してはだめで、謗法者からの供養は受けてはいけないということです。しかし、中央にあっては高官、地方にあっては鎌倉公方・在地の守護・地頭といった権力者を除くという内容です。この箇条書から、当時の不受不施義は王侯除外《おうこうじょがい》制であったことが窺えます。

この盟約は、法華教団の諸門流に対してのものでしたが、一部には不参加の寺院もありました。その中でも妙本寺（妙顕寺）は、不受謗施の条目を不満として連署しなかったといい、日親も盟約に入らなかったといっています（『埴谷抄』／『日蓮宗宗学全書』十八巻所収）。

いわゆる、教権優位・王侯除外を認めない本来の不受不施義を主張し、折伏《しゃくぶく》活動が行われたことにより、純粋な不受不施義に転じていく者も増えていったのは事実です。

●法華一揆

天文元年（一五三二）から同五年に京都の日蓮宗徒を中心とした町衆が、一向一揆《いっこういっき》などの乱入から京都を自衛するために起した一揆を、「法華一揆《ほっけいっき》」といいます。

京都の富裕な土倉衆を中心に、商業・手工業者らで構成される町衆によって支えられた京都法華教団は、一揆勃発の天文元年に「京都に日蓮宗繁昌して、毎月二ヵ寺三ヵ寺宛、寺院出来し、京中大方題目の巷」（『昔日北華録』）といわれるほどの全盛期を迎えていました。その中心は、京都二十一本山で、町衆をはじめとする洛中住民の支配的地位を占めていました。応仁の乱後の戦乱や、社会情勢の不安に対して、自らの手で京都の町を防衛するため、下京《しもぎょう》の町衆は「下京衆」、上京《かみぎょう》の町衆は「上京衆」と呼ばれる武装集団を結成しました。

摂津・河内・和泉の門徒で構成された一向一揆は約十万といわれ、勢力は次第に拡大していました。そこで、これらの一向一揆と戦うために町衆たちは、市内の二十一本山に結集し、出陣しました。この結果、町衆は自治権を拡大し、年貢・地子銭免除と町の支配権を掌握するに至っています。

次第に比叡山との対立を深め、天文五年（一五三六）には、比叡山に加担する諸勢力と日蓮宗との対決となりました。

結局、京都の法華寺院は焼き討ちにあい、三条以南の下京全域、上京の三分の一を焼失しています。二十一本山は、壊滅状態となったため、京都の法華寺院は、一時堺に逃れています。

●日奥と不受不施、そして『妙覚寺法式』『妙覚寺法度』

十六世紀末、織田信長・豊臣秀吉・徳川家康の政権獲得に始まる近世的支配権力の確立は、日蓮宗の不受不施問題に影響を与えることになります。

天正五年（一五七七）安土城で行われた安土宗論（日蓮宗と浄土宗の法論）にみられるような日蓮宗に対する圧力の結果、摂受主義による関西学派と、折伏《しゃくぶく》主義を主張する関東学派とに分裂していきました。前者は、権力に対して妥協的で、後者は、厳格な態度で臨んでいました。この両者の対立は、深刻となり、慶長四年（一五九九）十一月二十日、大坂城において、徳川家康列席のもとに対論が行われることになります。その主な出席者は、受不施側が京都妙顕寺日紹《にっしょう》・堺妙国寺日統《にっとう》、不受不施側は妙覚寺前住職日奥《にちおう》でした。その様子は、『於大坂城受不受問答録』（身延山久遠寺蔵）に如実に記されています。

室町時代に生きた日親は、積極的に謗法を折伏し、将軍に法華信仰を諫暁《かんぎょう》したことによって、ひどい弾圧を受けました。これに対して日奥は、不受不施義の伝統を継承するところから法難を受けています。

その後の教団内において、日奥は、摂受主義の日重《にちじゅう》と、常に対立するようになりました。日奥は、師日典《にってん》の思想を継承し、日蓮聖人御書を研鑽することを課題としました。その中で、日蓮聖人の受難を重視し、法華経の行者への自覚に到達しようとしています。これに対し日重は、学師日珖《にちこう》より天台学研鑽を踏まえ、法華経の普遍性を追求しようという姿勢を持っていたのです。いわゆる、日奥にとっては法華信仰をただす場であり、日重にとっては教団存続の課題でした。

こうした状況下で不受不施問答は、両者にとって対決の場であり、次第に幕府の元での公場対決を余儀なくされていったわけです。

日奥は、文禄四年（一五九五）九月二十五日、妙覚寺退出の折に豊臣秀吉に対し『法華宗諫《かん》状《じょう》』を捧げました。すると、文禄五年閏七月十二日夜に前代未聞の大地震が起こり、伏見城が壊れ、大仏も破壊しました。日奥は、日蓮聖人の『立正安国論《りっしょうあんこくろん》』になぞらえ、この災難の根源について『法華宗奏状《そうじょう》』一巻を著し、前田玄以を通じて秀吉に進上しようとしたのです。

◆『妙覚寺法式』

室町時代の応永二十年（一四一三）六月十三日、妙覚寺日成《にちじょう》が定めた『妙覚寺法式』（『万代亀《ばんだいき》鏡録《きょうろく》』所収）九ヶ条から、不受不施の思想を窺ってみましょう。

法華宗真俗異体同心法度之事《ほっけしゅうしんぞくいたいどうしんはっとのこと》

第一条、正法の人は、他宗派の寺院や神社に参詣してはいけません。ただし見物・遊覧・公役等を除きます。

第二条、謗法の僧侶には、供養してはいけません。

第三条、たとえ誘いであったとしても、謗法供養を受けてはいけません。

第四条、妙覚寺の檀家となって社寺参詣を行い、謗法の供養を行うことを堅く禁止します。もしこれに随わないものがあれば離檀します。

第五条、たとえ夫が信者であっても、その妻が受持しない場合は、三か年の間は必死で教誡《きょうかい》を加えなさい。その上で改宗できなければ、夫婦ともに信仰を捨てなさい。

第六条、僧俗ともに不信・謗法の振舞いがある時、これを見ながら、妙覚寺に伝えない場合は同罪となります。

第七条、妙覚寺の法式に疑問がある者は、その理由を述べなさい。そして、邪《よこしま》な心を捨てて正しい教えを弘めなさい。もし自分の新義を構える人は、仏法の中では重科となります。

第八条、檀家で謗法をした人は、離檀となるので、妙覚寺の僧侶はそこに出入してはいけません。

第九条、謗法の人の投げ銭は、受けるべきではありません。

第一条から第三条に謗法者への供養や他宗派の寺院・神社への参詣といった不受不施思想が盛り込まれています。全九ヶ条の中では、最初の三ヶ条に謗法の意図が集約されています。全体をみても寺院・僧侶・檀家といった構造の中で、不受不施を遵守すべき具体的な内容が箇条書きされているのが特徴といえます。

◆『妙覚寺法度』

当時妙覚寺内において、国主との対決に不安を抱く僧がいました。そこで、日奥は、教団内部の統一をはかるため「妙覚寺法度条々」を定めています。

『妙覚寺法度条々』(『万代亀鏡録』所収)は、元和九年(一六二三)十一月、日奥によって作られた法令で、十ヶ条からなっています。ここで、それぞれの箇条から読み取れる日奥の不受不施思想を探ってみましょう。

第一条に『妙覚寺法式』九ヶ条が、この法度制定以前に作成されていることを記しています。

これをうけて、最初の三ヶ条に肝心なことが示されています。謗法者のいる寺社へは参詣しない、法華経を信じない人には供養を施さないし、供養も受けない、といったことが最初に掲げられているることが注目されます。次に、諸宗派一同の供養であっても、妙覚寺門流においては、僧侶のみならず檀家も不受不施の教えを守り、寺僧や檀家が意思統一できなくても、貫首一人は命がけで守るべきであるといっている点が注目されます。貫首が不受不施義を捨てれば、法灯は消えてしまうと、貫首の位置付けを明確にしていることも特色といえましょう。

この後の箇条書は、妙覚寺貫首の姿勢、日蓮聖人・日蓮宗の教義・宗論・行儀作法・出家の行動、といった妙覚寺内における僧侶の姿勢について、不受不施義を踏まえた形で記されています。

この『妙覚寺法式』『妙覚寺法度条々』の両法度は、妙覚寺門派の規範となりました。法華教団においても、不受不施の行動と思想を主張していくための指標となっていったわけです。

●慶長法難

天下を統一した徳川家康は、当時強硬な折伏態度で布教活動を行っていた日経《にちきょう》（一五六〇〜一六二〇）が世の統制を乱しているとして、不快に思っていました。そこで、各宗派の僧侶を集めて破折しようと企てました。つまり、慶長十三年（一六〇八）、江戸城中にて宗論させることで、法華宗側の一方的敗北へと仕組んだわけです。

日経は、京都妙満寺の貫首であり、日什門流の流れをくみ、日奥の折伏的態度に共鳴していた僧です。この宗論の行われる前夜に日経は、暴徒に襲われました。これにより、瀕死の重傷を負わされ、宗論に出仕することができない状態に陥ってしまいました。同行の弟子たちは、暴徒襲撃による日経の負傷を理由として、宗論の延期を願い出ましたが、認められませんでした。

宗論の結果、日経は袈裟《けさ》を剥《は》ぎ取られ、牢獄に入れられました。その間に五人の弟子（日顕・日寿・日玄・日秀・日堯）は、水責めに遭い、数々の拷問を受けました。翌年、京都において弟子五人と共に洛中引きまわしのうえ、日経は、六条河原で耳鼻などをそぎおとされました。五人の弟子たちは、鼻を切られ、その内日玄は、出血多量でその夜のうちに寂しています。

この法難は、日蓮宗の強義折伏な姿勢に対する幕府の抑圧から出たものと考えられます。さらには、江戸と京都近郊の日蓮門徒への見せしめであったともいわれています。

身池対論

池上本門寺日樹《にちじゅ》は、京都妙覚寺日奥の不受不施思想に傾倒していました。寛永五年（一六二八）、身延山二十六世日暹《にっせん》が各所の法座に出座する姿勢に対して不満を持ち、これにより身延山久遠寺と池上本門寺は対立することとなりました。同六年（一六二九）二月二十六日、身延日暹は、池上日樹に対する三ヶ条の訴状を寺社奉行に提出しました。そして、同年十一月十五日、再び一書を認めて寺社奉行に上申しました。これに対し、翌七年（一六三〇）二月二十一日に日樹は、返答書を提出しています。同年江戸城にて、受派の日暹らと不受派の日樹らが対論していますが、これを「身池対論《しんちたいろん》」といいます。

この対論の論点は、寺領と供養の関係でした。これにより寺社奉行の裁決が下り、受派が勝利をおさめました。日樹は池上退去を命じられ、信州飯田に配流されています。不受派の代表格である日賢は遠州小笠、平賀日弘は伊豆伊東、日充は奥州岩城、日進は信州上田、日領は奥州相馬、とそれぞれ遠島に処せられることになりました。

この対論の結果、寛永七年（一六三〇）七月七日、池上本門寺の住持権が日遠《にちおん》に、京都妙覚寺が日乾《にちけん》に、それぞれ渡され、不受派の主要寺院が受派の配下に置かれることになりました。

池上本門寺日樹は、身延日乾に対し、「身延山は日蓮聖人が九ヶ年過ごした霊場であるのに、謗法の供養を受けた日乾が住職しているために身延の水は濁り、不浄の地となってしまった。したがって、身延山に参詣する者は、逆に地獄に堕ちる」とまでいい切っています。日樹は、身池対論によって信州に流罪となりました。

法華信仰の名刹寺院

本項では、日蓮宗や法華宗の名刹《めいさつ》寺院のいくつかを紹介し、今もそこで行われている法華信仰の伝統に、想いを馳せてみたいと思います。

●日蓮宗の名刹寺院

日蓮宗の名刹をあげれば、現在の日蓮宗宗制で掲げられている、祖山《そざん》・霊蹟《れいせき》寺院・由緒寺院があげられます。これらは、日蓮聖人と直接関わりがある寺院が多いですが、先師により建立された寺院も多くあります。これらの寺院は、江戸時代に入ると、本末制度によって、次のような総本山、四大本山などとして編成されました。また、日蓮聖人や守護神にまつわる寺院が新たに誕生し、それぞれ法華の法統を受け継いでいます。

◆総本山と四大本山

総本山・身延山《みのぶさん》久遠寺《くおんじ》（山梨県南巨摩郡身延町）　日蓮聖人の御廟《ごびょう》や草庵跡がある【下写真参照】。

大本山・池上《いけがみ》本門寺《ほんもんじ》（東京都大田区池上）　日蓮聖人入滅の地【次頁写真参照】。

大本山・中山《なかやま》法華《ほけ》経寺《きょうじ》（千葉県市川市中山）　日蓮聖人初転法輪《しょてんぽうりん》の地。日蓮宗加行所《けぎょうしょ》がある。

大本山・京都妙顕寺《みょうけんじ》（京都市上京区寺ノ内）　日像《にちぞう》が京都に最初に建立した寺院。後に勅願寺《ちょくがんじ》に。

大本山・京都本圀寺《ほんこくじ》（京都市山科区御陵）　日静《にちじょう》が京都六条に建立。

◆日蓮聖人にまつわる霊蹟寺院

誕生寺《たんじょうじ》（千葉県鴨川市天津小湊）　日蓮聖人生誕の地。

清澄寺《せいちょうじ》（千葉県鴨川市天津小湊）　日蓮聖人出家・得度の地。旭《あさひ》が森で立教開宗《りっきょうかいしゅう》を宣言。

日蓮宗総本山・身延山久遠寺

鏡忍寺《きょうにんじ》（千葉県鴨川市広場）小松原法難《こまつばらほうなん》の地。
根本寺《こんぽんじ》（新潟県佐渡市）塚原三昧堂《つかはらさんまいどう》があった地。
妙照寺《みょうしょうじ》（新潟県佐渡市）『観心本尊抄《かんじんほんぞんしょう》』述作の地。
蓮着寺《れんちゃくじ》（静岡県伊東市）伊豆法難の地。近くに俎岩《まないたいわ》あり。法華宗陣門流。

◆日蓮宗の守護神が祀られる寺院

柴又帝釈天題経寺《しばまたたいしゃくてんだいきょうじ》（東京都葛飾区柴又）日蓮聖人自刻と伝えられる帝釈天を祀る。
能勢妙見真如寺《のせみょうけんしんにょじ》（大阪府豊能郡能勢町）妙見山があり、妙見菩薩を祀る。
雑司ケ谷鬼子母神法明寺《ぞうしがやきしもじんほうみょうじ》（東京都豊島区）子安《こやす》鬼子母神を祀る。
熊本本妙寺《ほんみょうじ》（熊本県熊本市）加藤清正《かとうきよまさ》の霊廟《れいびょう》がある。

日蓮宗大本山・池上本門寺

日蓮宗寺院名簿によれば、祖山一ヵ寺・霊蹟十三ヵ寺・由緒寺院四十二ヵ寺があります。この他にも宗門史跡として、日蓮宗ゆかりの場所が史跡として指定され、信仰上重要な場所となっています。日蓮聖人ゆかりの寺院における最近の動向をあげれば、佐渡の本行寺《ほんぎょうじ》（佐渡市）が日蓮聖人佐渡着岸の霊場として宗門史跡となりました。比叡山の横川《よかわ》は、日蓮聖人が比叡山遊学の時に住んでいた場所で、その地に定光院《じょうこういん》（滋賀県大津市）が建立され、平成十七年に祖師堂が落慶しています。

●法華宗の名刹寺院

本隆寺《ほんりゅうじ》（京都市上京区）　法華宗真門流総本山。妙顕寺の僧・日真《にちしん》が開創。

妙蓮寺《みょうれんじ》（京都市上京区）　本門法華宗大本山。日応《にちおう》が開創。

妙満寺《みょうまんじ》（京都市左京区）　顕本法華宗総本山。日什《にちじゅう》が開創。

本成寺《ほんじょうじ》（新潟県三条市）　法華宗陣門流総本山。朗門九鳳日印《ろうもんくほうにちいん》が開創し、師日朗《にちろう》が初祖。

本能寺《ほんのうじ》（京都市中京区）　法華宗本門流四大本山の一つ。慶林坊日隆《けいりんぼうにちりゅう》が開創。織田信長の廟あり。

本興寺《ほんこうじ》（兵庫県尼崎市）　法華宗本門流四大本山の一つ。興隆学林《こうりゅうがくりん》を設置。

甲斐国の日蓮宗寺院について

今から約二百年前の江戸時代における甲斐国《かいのくに》（山梨県）内の寺院総数は、二千二十一箇寺です。宗派別寺院数をみると、日蓮宗寺院は、三百八十九ヵ寺・坊舎九十四ヵ寺で、曹洞宗に次いで二番目の寺院数となります（一八〇六年時点）。現在の日蓮宗名簿に登録されている寺院を数えると四百十九ヵ寺となり、峡南《きょうなん》地域を中心に多くの寺院が存在していることがわかります。

江戸時代の寺院は、本寺と末寺といった上下関係ができ上がり、甲斐国内には、身延山久遠寺、特に身延門流の甲斐国触頭であった遠光寺《おんこうじ》（甲府市）・長遠寺《じょうおんじ》（南アルプス市）・妙了寺《みょうりょうじ》（南アルプス市）が地域の寺院の拠点として勢力を張っていました。

さらに、池上本門寺・小室《こむろ》妙法寺・大野本遠寺《ほんのんじ》・休息《きゅうそく》立正寺《りっしょうじ》・北山《きたやま》本門寺（富士宮市）・岡宮光長寺《おかのみやこうちょうじ》（沼津市・法華宗本門流）・内房本成寺《うつぶさほんじょうじ》（静岡県芝川町）・京都本圀寺といった本寺格寺院が教線を張り、その末寺が県内に存在していました。そして、甲府妙遠寺

石和遠妙寺魚翁堂（笛吹市）

（甲府市）・休息立正寺・石和遠妙寺《いさわおんみょうじ》（笛吹市）**【前頁写真参照】**は身延山客末として位置し、県内寺院の中では由緒ある寺院といえます。

日蓮聖人が甲斐国に入ることになったきっかけは、南部実長《なんぶさねなが》の招きにあるといわれています。また、聖人は、最初から身延の地に長く留まる気持ちはなかったようです。鎌倉にいた聖人は、駿河国大宮《するがのくにおおみや》（富士宮市）から南部を経て身延の地に足を踏み入れました。つまり、鎌倉時代の文永十一年（一二七四）五月十七日が、聖人と身延山のつながりを示す記念すべき日となります。

この後、日蓮聖人は住居ができるまでの一ヵ月間、甲斐国内を布教しています。石和遠妙寺の鵜飼勘作《うかいかんさく》の霊魂を供養、小室妙法寺（増穂町）の山伏と法論、下山上沢寺《じょうたくじ》（身延町）の白犬供養、下山本国寺（身延町）の尻なしたにし、といった伝説が各地に伝えられていることからもわかります。他にも、青柳昌福寺（増穂町）の虫切り加持《かじ》、休息立正寺の『立正安国論《りっしょうあんこくろん》』講述の地というふうに、日蓮聖人やそのお弟子たちにまつわる霊場がたくさんあります。

身延山では、現在も毎年六月十七日に御入山会の法要が行われます。その前後の日曜日には、古式ゆかしい御入山行列が催され、御入山を顕彰する行事となっています。他にも、正月十三日の御頭講会《おとうこうえ》（全国の日蓮聖人の弟子や関係者が集まる）、十月十三日のお会式《えしき》（日蓮聖人のご命日）といった年中行事が、身延山らしい行事といえます。

第三章

法華信仰の諸相

「祖師・日蓮」への信仰

●日蓮聖人の霊性

日蓮聖人の、権力に屈しない姿勢、妥協しない信仰、数々の法難を乗り越える強い精神と霊性《れいせい》、といったことから、聖人滅後、聖人その人に対する信仰が高まっていきました（このような信仰対象としての聖人は、一般に「祖師《そし》」といわれ、「お祖師さま」などと呼ばれます）。

日蓮聖人在世《ざいせ》時より既に、祈雨《きう》、病気平癒、といった聖人の祈祷《きとう》の霊験《れいけん》が人々に知られるようになると、聖人に対する帰依者が現われていました。特に、聖人ゆかりの寺院では、それぞれのつながりの中から、霊験ある祖師像（日蓮聖人像）を造立するようになります。

江戸時代以降は、祖師堂に安置される厨子《ずし》によって祖師像の開帳儀礼が行われ、人々は霊性を帯びた祖師に対し、現世利益《げんぜりやく》の祈願を依頼するようになります。

「身延山絵図」
（身延山久遠寺蔵）

身延山の祖師信仰

江戸時代中期の祖師信仰の高まりにより、身延山では参詣《さんけい》絵図《えず》が描かれます。その中でも木版刷りの「身延山絵図」（木版刷に着色）【上写真参照】をみると、本堂・祖師堂・位牌《いはい》堂の三堂が構図の中心となっています。この中でも祖師堂がいちばん大きな堂宇として描かれていることは、祖師像を礼拝する人々が多かったことを示しているといえましょう。

また、御会式《おえしき》行事の際に、祖師堂前において舞《ぶ》楽《がく》が披露されていました。その濫觴《らんしょう》は、日蓮聖人在世時の弘安四年（一二八一）本堂落慶式に延《えん》年舞《ねんのまい》を舞ったことと伝えられています。江戸期に描かれた「舞楽の図」一双（身延文庫蔵）には、舞楽の個々の場面が描かれ、十一世日朝《にっちょう》以来十三種の曲目が身延山に相伝されています。この十三種の楽目を行うため、毎年二月より八月に至る七ヶ月間、毎月二十五日を稽古《けいこ》日として研修し、十月十二日の逮夜《たいや》に舞うことになったといわれます（『身延山史』）。

祖師像の開帳

日蓮宗寺院の動向をみると、注目すべきことがあります。それは、文政十三年（一八三〇）に甲斐国休息立正寺《きゅうそくりっしょうじ》が本堂修復のため、祖師像・霊仏・霊宝を江戸浅草本蔵寺《あさくさほんぞうじ》にて「出開《でがい》帳《ちょう》」したことです。この行動は、江戸において祖師日蓮に対する信仰が盛んであったことのあらわれです。各地の法華寺院は、盛んに江戸に

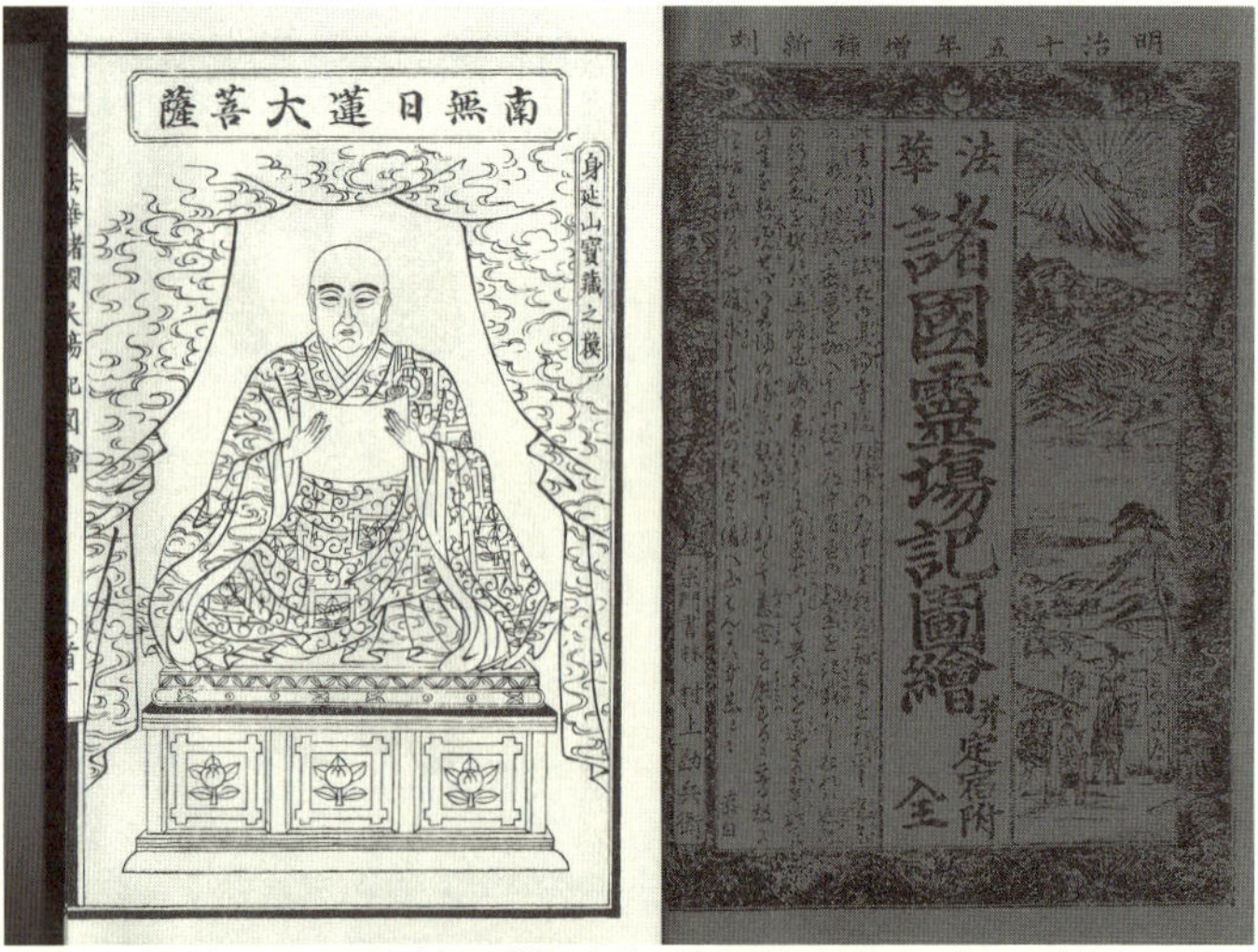

出開帳された身延山日蓮聖人像（「宝蔵祖師像」、左）の絵図
（『法華諸国霊場記図絵』より）

出開帳を行い、祖師信仰の高揚につとめるとともに堂宇修復の基金としたわけです。

身延山の江戸出開帳の初見は、宝暦三年（一七五三）四月一日より六十日間、深川《ふかがわ》浄心寺《じょうしんじ》においては「古仏堂《こぶつどう》祖師」が出開帳されたことからです。以降、江戸期を通じて「古仏堂祖師」と「奥の院祖師」が交互に深川浄心寺において、延《の》べ十回も出開帳されました。この儀礼は、江戸における身延山信仰の定着を促すとともに、身延山の諸堂復興の資金に充《あ》てられていました。

『宝蔵《ほうぞう》安置《あんち》高祖《こうそ》大士《だいし》略《りゃく》縁起《えんぎ》』（身延文庫蔵）をみると、身延山は、「高祖《こうそ》大菩薩《だいぼさつ》尽未来際《じんみらいさい》迄《まで》御神《おんかみ》を留《とど》め給《たま》ひ、全身収蔵《ぜんしんしゅうぞう》の霊場《れいじょう》なる故《ゆえ》に、既《すで》に御遺言《ごゆいごん》にも日蓮弟子《にちれんでし》檀那《だんな》としては、一宗《いっしゅう》の本山《ほんざん》として参《まい》るべしと云々《うんぬん》」と、日蓮聖人の遺骨が安置されている霊場として宣伝されていることが特徴であり、法華信仰を持つ江戸の人々の心に身延山が位置づけられていきました【前頁写真参照】。

江戸での開帳の賑わい

日蓮聖人の廟所《びょうしょ》を擁する身延山久遠寺は、聖人の遺骨を安置している寺院として、祖師信仰の上では他の寺院とは一線を画していました。その一つは、日蓮聖人滅後から既に身延山内に納骨する信仰があったことです。

「身延山参詣群集朝参図」
（身延山久遠寺蔵）

江戸における出開帳を期に、諸大名や奥方女性の身延参詣や代参が盛んとなっています。十回の出開帳の度に、葵紋付《あおいもんつき》の祖師袈裟《そしげさ》・戸帳《とちょう》・水引《みずひき》が江戸城本丸大奥女中より奉納されています。身延山内にも、江戸の人々の供養塔や墓所が建立され、納経《のうきょう》・納牌《のうはい》の信仰も顕著になっていきました【上写真参照】。

こうして、日蓮聖人が九年間居住した霊場が、久遠寺・奥の院の祖師像、七面大明神《しちめんだいみょうじん》像、身延山秘蔵の霊宝類の江戸出開帳を通じて宣伝されました。その中でも、嘉永七年（一八五四）と文久三年（一八六三）の出開帳が有名で、身延山と江戸市域に住む庶民が霊仏・霊宝を介し、結縁《けちえん》で結ばれています。

さらに、七面大明神の江戸寺院における勧請《かんじょう》やお万の方に根源を持つ大奥女中の法華信仰の高揚とともに、あらたな身延山信仰が、江戸という地域において形成されていったのです。

江戸の庶民は、何年かに一度行われる出開帳において、祖師の霊性に触れることができ、日蓮聖人に対する崇敬の念から、霊地である身延巡拝の旅に出たのです。

●縁日での賑わい

江戸の町名主斉藤月岑《さいとうげっしん》が江戸の年中行事を記した『東都歳事記《とうとさいじき》』には、一年間のさまざまな縁日が登場します。祖師に関しては、毎月十三日が祖師参りとなっており、江戸の各寺院の祖師像が開帳され、祈願がなされています。

また、法華勧請の守護神にも縁日があり、次の代表的な守護神が、決まった日に開帳されています。

◆主な日蓮宗関係守護神の縁日

鬼子母神《きしもじん》＝毎月八日・十八日・二十八日／妙見菩薩《みょうけんぼさつ》＝毎月一日・十五日／七面大《しちめんだい》明神《みょうじん》＝毎月十九日／清正公《せいしょうこう》＝毎月二十四日／日朝上人《にっちょうしょうにん》＝毎月二十五日／観《かん》音菩薩《のんぼさつ》＝毎月二十五日

法華信仰の地域

●独特な法華信仰の地域

日本全国には、法華教団が、先師の布教により弘まり、独特の法華信仰を形成している地域があります。これらは、日蓮聖人や先師たちが歩いて教化した、まさに布教の足跡です。ゆかりの地域には、外護者《げごしゃ》によって寺院が建立され、そこを拠点として法華信仰が浸透していきました。しかし、これは容易に行われたわけではなく、時には為政者の弾圧に遭い、廃寺となった寺院も多くありました。

全国的には、日蓮聖人ゆかりの千葉県・静岡県・山梨県、祖師信仰の盛んな東京都・神奈川県、日像《にちぞう》ゆかりの京都府・石川県・福井県、大覚妙実《だいがくみょうじつ》ゆかりの岡山県など、法華の教線が及んだ地域をさきがけとして寺院が建立されていきました。

本項では、信仰の盛んな地域における法華信仰の特徴を、それぞれみていきましょう。

備前法華

「備前《びぜん》法華に安芸《あき》門徒」といわれるように、備前国《びぜんのくに》（岡山県）には、日蓮宗寺院が多く建立されています。これは、京都で活躍した日像の弟子・大覚妙実（?〜一三六四）が弘めたといわれています。大覚は、中国地方を西に向かって布教したため、ゆかりの地域が多々あります。最初に岡山の真言宗福輪寺《ふくりんじ》良遊《りょうゆう》と問答して、その寺院を日蓮宗に改宗させました。この話を聞いた地元の松田元喬は、領内の真言宗の僧を城内に呼び寄せて大覚と問答させたところ、真言宗の僧侶を説き伏せ、挙げ句の果てに改宗させてしまいました。そこで松田氏は、一族あげて法華に帰依し、福輪寺を蓮昌寺《れんじょうじ》（岡山市）と改め、地域の布教拠点としました。蓮昌寺は、日像が開山となるため、本堂いっぱいに掲げられる日像の大曼荼羅《だいまんだら》（七十五枚の紙を継ぎ合わせた大きさ）が伝わっており、備前法華の代表的寺院といえます。

妹尾法華

岡山市妹尾《せのお》地区は、「妹尾千軒皆法華《せんけんみなほっけ》」といわれます。慶長十年（一六〇五）庭瀬藩主戸川氏の真言宗から日蓮宗への改宗によって、地域に住む人々がすべて法華に帰依した地域です。

近くの箕島《みのしま》地区では、慶長十三年（一六〇八）、高松藩主花房助兵衛が改宗したことによって、領民を悉く《ことごと》法華宗に改宗させています。こうして、領主の帰依により備前法華の基礎が形成されていったのです。

● 佐賀法華

中山法華経寺三代日祐《にちゆう》の弟子日貞《にってい》は、小城《おぎ》の松尾に光勝寺《こうしょうじ》（佐賀県小城市）を建立し、九州伝道の本拠地としました。室町時代には、日親《にっしん》がこの地に派遣され、光勝寺の住持となりました。

日親の布教は、あまりにも激しかったので、一門から破門されています。小城町と旧三日月《みかづき》町《ちょう》一帯には日蓮宗の寺院が多く、佐賀法華といわれ、法華信仰の厚い地域といわれています。

三日月勝妙寺《しょうみょうじ》（小城市）**【右写真参照】**に伝わる日蓮聖人曼荼羅本尊は、毎年一回光勝寺へ運

佐賀法華の寺院・勝妙寺の曼荼羅堂

んで祈願する習わしになっており、これは現在も受け継がれています。

大村法華

大村藩四十八カ村が日蓮宗になったのは、キリシタン大名で有名な大村純忠《すみただ》の後の時代です。江戸時代に入って大村藩ができあがると、初代藩主となった大村喜前《よしあき》は、耶蘇大寺《やそだいじ》を壊して本経寺《ほんきょうじ》（長崎県大村市）を建立し、熊本本妙寺から日真《にっしん》を招いて住持としました。本経寺【下写真参照】は、この地域の日蓮宗の中心寺院で、幕府のキリスト教弾圧が強まるにつれて法華信仰は拡大していきました。やがて、末寺として八ヵ寺が藩内の大村湾沿岸地域に建立され、一大法華地帯が形成されました。

能勢法華

天正六年（一五七八）家督を継いだ多田入道頼定《よりさだ》は、

巨大な墓が立ち並ぶ本経寺・大村藩主墓所（国史跡）

大覚妙実に帰依し、その子能勢頼仲《のせよりなか》も熱心な法華信仰を受け継いでいました。頼次《よりつぐ》の代には、それまで真言宗地帯であった能勢地域の人々を改宗し、法華信仰の勢力が一挙に拡大しています。頼次は、日乾《にちけん》に山屋敷合せて東西五町南北六町を永代《えいたい》寄進しました。日乾は、ここに覚樹庵《かくじゅあん》を建立して隠居所とし、能勢地域における布教拠点としています。

三谷法華

日朗《にちろう》門下で、日蓮聖人の孫弟子にあたる日像は、佐渡の日蓮聖人の霊蹟を巡拝しています。その後、日本海経由で京都に向かう途中、船中で法論を行い、折伏《しゃくぶく》した能登石動山《のといするぎさん》の乗徴阿闍梨《じょうちょうあじゃり》（後の日乗《にちじょう》）の道案内によって能登地域に入りました。七尾《ななお》で船を降り、石動山に登りましたが、襲撃に遭ってしまいました。辛うじてこの難を逃れ、京都に向かっています。乗徴は、日乗と改名し、滝谷《たきだに》に法華堂を建立しました。これが後の妙成寺《みょうじょうじ》（羽咋《はくい》市）となっています。

室町時代に入ると、石川郡の野々市や河北郡から越中国（富山県）の福光に抜ける街道筋の三谷《みたに》地区（現、金沢市）付近の村々に、法華の教線が及んでいました。特に、京都の立本寺《りゅうほんじ》末の薬師本興寺《ほんこうじ》や妙顕寺《みょうけんじ》末の車宝乗寺《ほうじょうじ》などを中心に、熱心な法華信仰を持った「三谷法華」が形成されました。ここは、戦国時代の一向一揆《いっこういっき》体制のもとでも、寺院を超えた地域単位で法華信仰を堅く守り続けています。

七尾法華

能登地域においては、京都の本法寺・本国寺・本禅寺などの教線が、領国経済の中心であった鹿島郡八田郷や新しく形成された城下町七尾《ななお》に展開しました。そこに住む武士や商手工業者の間に広く受容され、「七尾法華」という信仰地域を構成するようになっていきました。その教線は、七尾湾・富山湾の海岸交通を通して、奥能登の内浦沿岸地域にまで及んでいったのです。

後世に桃山画壇の巨匠として知られるようになる長谷川等伯《はせがわとうはく》が、まだ信春《のぶはる》という名前で活躍していた頃、七尾の染物屋で日蓮宗本延寺《ほんねんじ》の信徒長谷川家の養子となり、そこで画業に励んでいました。信春は、後に上洛して、本格的に絵師として活動する際に、その拠点としたのが本延寺の本寺である京都本法寺でした。

羽咋法華

当時北陸で圧倒的な宗教勢力を形成していた真宗教団に対抗する上で、戦国時代には、滝谷妙成寺を中心に、法華勢力の地域的結集を図るようになっていました。これは「羽咋《はくい》法華」と呼ばれ、北陸地方における法華信仰の逸話が伝えられています。

妙成寺で修される「寄合会《きごうえ》」は、日乗の報恩のための行事で、いわゆる加賀・能登地方に住む法華信徒の寄合いです。この時、加賀の三谷法華の信徒たちは、茅《かや》を一束ずつ持参して参詣するのが慣わしであったといいます。

●上総七里法華

上総土気《かずさとけ》の酒井定隆は、領内に住む人々を法華宗に改宗させましたが、この地域が七里四方であったことから「七里《しちり》法華」といわれます。この地域の秘密の在家集団に、「内証題目講《ないしょうだいもくこう》」があります。彼らは、寺院の信仰が純粋でないことから、講内の信者の葬儀に際し、日経《にちきょう》筆の曼荼羅本尊を掲げ、「在俗のみにて葬れ」を行ってきました。

同地域の信徒は、京都妙覚寺日成《みょうがくじにちじょう》が制定した「妙覚寺法式《ほっしき》」を伝統として受け継いでいます。夫婦間において妻が信徒でない場合、夫が三ヵ年の猶予をもって妻を教誡《きょうかい》することを命じています。それでも妻を信者にできない場合は夫婦とも信仰を捨てよ、と厳しい純潔主義を貫いていることが信仰の特徴といえます。

題目信仰と法華信徒

本項では、法華信仰の肝要ともいうべき、題目（＝南無妙法蓮華経）に対するさまざまな信仰のあり方や、そこから生じた文化などを紹介します。

題目講

「題目講《こう》」とは、大勢の信徒が集まり、題目を唱え、信仰儀礼や修行を行う集団のことです。元来は、大寺院の中で仏教の研鑽をする僧侶の集まりのことで、これを「講」や「講中」といっていました。

仏教が庶民に広まるにつれて、次第に一般の信仰集団を指すようになりました。特に、江戸時代に入ると庶民の間に講が結成され、法華信仰を持つ講の中には、鬼子母神講《きしもじんこう》・七面講《しちめんこう》・身延参詣講《みのぶさんけいこう》、十二日講《じゅうににちこう》といった名称を冠する講がありました。

日蓮宗の講の特徴は、必ず題目「南無妙法蓮華経」を唱え、信仰の対象となる曼荼羅《まんだら》を礼拝します。これは、日蓮宗の修行に題目の唱和があり、信仰の上で正行《しょうぎょう》といわれているからです。

題目講の信仰内容は、①祖先崇拝（追善供養《ついぜんくよう》）、②現世利益《げんぜりやく》、③自らの修行という、三つの要素があり、①は日蓮聖人の報恩《ほうおん》（遠忌《おんき》）も含みます。

題目講は、しばしば文学作品に登場します。人情本『春告鳥《はるつげどり》』には、「信者の講中言合《いいあい》して、毎夜十人、十五人、二組三組別れつつ、催寄々《もよりもより》の邑村《むらむら》を、勧化《かんか》にあるく一群」とあり、小湊誕生寺《こみなとたんじょうじ》に堂宇を寄進しようとする人々が登場しています。彼らが去っていくところに、「題目講中の、声もはるかに遠ざかる。野道かすかに木精《こだま》して、南無妙法蓮華経　南無妙法蓮華経　南無妙法蓮華経　ドヨドン　ドヨドン　ドヨドン」と表現されていることが印象的です。題目信仰の姿は、朝夕の勤行《ごんぎょう》で叩かれる団扇《うちわ》太鼓の

題目塔
（池上本門寺）

大きな音で、江戸の長屋では問題となり、市中では禁止となったこともありました。

題目塔の建立

題目を熱心に唱える信仰集団「題目講」の人々は、先述のとおり、ひたすら題目を唱え、寺院の行事に積極的に参加しました。

そして、日蓮聖人の遠忌の折などには、信仰の証しとして寺院の境内に「題目塔《だいもくとう》」を建立しました【前頁写真参照】。この塔は、寺院の門前や本堂の前に建てられ、法華の寺院としての目印となっています。塔の正面には髭《ひげ》題目が刻まれ、その左右には「奉唱満《ほうしょうまん》玄題一万遍《げんだいいちまんべん》」などと、講の一員で唱えた題目の数が刻まれているものが多くあります。

千箇寺題目塔（山梨県聴法寺門前）

たび重なる過去の天災・火災・戦禍・取り潰《つぶ》しといった災難を免れた石塔は、私たちに法華信仰の盛んな姿を伝えてくれます。

「センガジさん」の題目塔

日蓮宗の修行に、「千箇寺詣《せんがじもうで》」といって、数多くの法華寺院を参拝する修行があります。

この千箇寺詣の修行者は、千箇寺を参り終えると、「法華霊場千箇寺成就」という文字を刻んだ題目塔を、寺の境内に建立します【前頁写真参照】。

千箇寺というと、現在の日蓮宗寺院総数五千余カ寺からすれば、ほぼ五分の一を廻ったことになり、多くの日数がかかる修行です。

この千箇寺詣をやり遂げた修行者は、法華信者の間では「センガジさん」と呼ばれます。江戸時代の史料には、センガジさんは、病気平癒を祈る祈祷師として登場したり、センガジさんに金品が供養される様子が記されたりしています。

内証題目講

上総《かずさ》の日経《にちきょう》門徒（「七里《しちり》法華」）は、表面は日什《にちじゅう》門流として存在し、内面に日経の法義を守る講を組織しています。これは「内証題目講《ないしょうだいもくこう》」といわれ、家の納戸《なんど》や天井裏で唱える「納戸題目」、母屋《もや》の外に離れを建てて仏壇を安置して信仰する「小座《しょうざ》の題目」、といった信仰のかたちがみられます。現在も、大網白里町の木崎家、南横川佐久間家に伝えられています。

日什滅後、七里法華地域は、部落単位で過去帳を作成しています。日蓮聖人や日什・日経などの御書を読める者を「講代《こうだい》」「伝道師」と呼び、「今日蓮《いまにちれん》」「今日経《いまにちきょう》」と呼んでいます。在家信徒でも出家のように尊敬され、供養を受けていた人々でした。

題目千部と「千部講」

漢訳された法華経の文字数には諸説があります。兜木正亨氏の『法華版経の研究』によれば、一般的に六万九千三百八十四文字で、日蓮聖人も御遺文にこの文字数を記し、その功徳を説いています。また、江戸時代の庶民に布教した資料の中にも同じ文字数が記されています。

『日蓮宗法要式』の「頂経偈《ちょうきょうげ》」に、

「記の一に曰《いわ》く、妙法の唱えは唯《ただ》正宗のみに非《あら》ず、二十八品《にじゅうはっぽん》倶《とも》に妙と名《なづ》くるが故《ゆえ》に、故《かるがゆえ》に品々《ほんぼん》の内、咸《ことごと》く体等《たいとう》を具《ぐ》し、句々の下《しも》通じて妙名《みょうみょう》を結《けっ》す（中略）一帙八軸四七《いっちつはちじくししち》品《ほん》、六万九千三八四《ろくまんくせんさんぱっし》、一々文々是真仏《いちいちもんもんぜしんぶつ》、真仏説法利衆生《しんぶつせっぽうりしゅじょう》、衆生皆已成仏道《しゅじょうかいいじょうぶつどう》、故我頂礼法《こがちょうらいほ》華経《けきょう》」

とあり、「読誦《どくじゅ》経典《きょうてん》観《かん》」にも「六万九千の文字、一一法界《ほうかい》なり」とあります。この六万九千三百八十四文字を題目「南無妙法蓮華経」の漢字七文字で割ると、九千九百十二で割り切れます。つまり、約一万遍の題目を唱えると法華経を一部読誦したのと同じ文字数になります。

寺院では、僧侶が「法華千部会《せんぶえ》」に出仕します。法華経一部を十人で読誦すれば百回、百人では十回、千人では一回といった具合に読誦すると千部読誦したことになります。つまり、僧侶の数が増えれば容易に千部を修することができます。

一方、庶民は、法華経の文字数を題目七字に置き換え、題目を多く唱題することに主眼を置くようになりました。これも唱題する人数が多ければ早く千部に達します。千葉県夷隅《いすみ》地方には、題目千部を唱える「千部講《せんぶこう》」が存在し、近隣の寺院の行事に参加し、題目塔を建立するなど、熱心な信仰活動を行っています。

京都の松ヶ崎題目講では、題目を数える数取り役がおり、算盤《そろばん》のような道具で題目の回数を数えます。その計算の仕方は、題目一万遍を法華経一部とし、「経数記《きょうすうき》」という台帳に記帳します。十万部の区切りになった年に石碑を建立し、大法要を営むといいます。

数量信仰

法華信仰の中には、法華経や題目を数多く読誦したり、唱えたりすると功徳がある、という信仰があります。近松門左衛門の作品『重井筒《かさねいづつ》』に、「毎日千遍ずつ、五年唱へた題目の功徳」を喜ぶ遊女が登場しています。

このことからも、庶民の中に、数多くの題目を唱え、信仰活動を行っていた人がいたことが想い起こされます。

堅法華

「堅法華《かたほっけ》」とは「固まり法華」ともいわれ、法華信仰に凝り固まった地域やその信仰の人をいいます。世間からは、偏狭、独善というふうにみられることもありますが、根底には純粋な法華信仰があるわけです。信仰地域としては、京都市松ヶ崎地区や金沢市三谷地区などがあり、それぞれ堅法華の代表的な信仰形態を保っています。

堅法華の姿としては、千箇寺《せんがじ》参りに代表される法華信仰の熱心さ、岡山県や千葉県で展開した不受不施信仰の純粋さにみられます。そして、ひたすら題目を唱える題目講といった集団も堅法華のかたちといえましょう。特に、拍子木や太鼓を打って音頭をとる独特の法華信仰の姿は、行動的で江戸堅気《かたぎ》を持つ火消しや商工業者に受け入れやすいものであったといえます。

●平法華

岡山県には不受不施信仰を貫く「日題派《にちだいは》」が多く、現在も信仰活動を続けています。この人々は、内に秘めた信仰、つまり内信《ないしん》のため、僧侶や寺院がありません。宗教行事は、長老が司《つかさど》っており、他宗の寺院や神社は決して拝まないため、「堅法華」（前記参照）といわれることもあります。

そして日題派の人々は、普通の日蓮宗の信徒のことを「平法華《ひらぼっけ》」と呼んでいます。平法華の人が亡くなった時、葬儀には行くものの、最後までつきあいはしません。また、逆に日題派の葬儀の時には、礼拝を遠慮してもらうといった習わしになっています。

●百日法華

「百日法華《ひゃくにち》」とは、法華信者以外の人が、百日間に限り普段の信仰を捨てて法華信仰に帰依するというものです。近松門左衛門作の『女殺《おんなごろし》油《あぶらの》地獄《じごく》』には、「疱瘡《ほうそう》した時日親様へ願かけ、代々の念仏捨て百日法華となる」と、大坂正法寺（大阪市中央区）の日親像《にっしん》（ここでは疱瘡除《よ》けの守護神として信仰されている）に百日の期間を区切って願をかけるという信仰形態が描かれています。浄瑠璃《じょうるり》は文学作品であり、史実とはいい切れません。しかしながら、拷問や鍋冠《なべかむり》といった法難を乗り越えた日親の強い信仰が、当時の庶民信仰の対象となっていたことは確かです。

また、武田信虎《たけだのぶとら》の重臣・遠藤掃部介茂氏《えんどうかもんのすけしげうじ》にまつわる話があります。茂氏は、代々法華信仰に帰依していたため、ある時、主君の信虎に法華の教えを説きました。しかし、武田家は臨済宗であったので信虎の怒りをかい、切腹を命ぜられました。信虎が重い病にかかった時、夢枕に茂氏が現われ、霊験あらたかな釈迦仏のことを知らせました。すると、信虎は、夏目原（笛吹市）に祀られていた釈迦仏を探し出し、一心に祈願したところ全快したといいます。信虎は、茂氏のために一寺を建立し、これを信立寺《しんりゅうじ》（甲府市）と名付けました。

伝承によると、信虎は、信立寺を建立する時期の百日間、法華の信仰に入ったといわれています。

一代法華

江戸時代は、寺請《てらうけ》制度によって、寺院の檀家として菩提寺が強制的に決められました。戸籍上は、他宗寺院檀家でも「一代《いちだい》法華」として、その人一代に限り、法華に帰依することができた事例がみられます。

●『千代見草』にみる修行

『千代見草《ちよみぐさ》』は、江戸時代の法華信仰の修行内容を、平易に説いた布教書です。身延山二十二世日遠《にちおん》作と伝えられますが、異説もあります。上・下二巻に分かれており、上巻では、臨終の時において、法華信者の題目による臨終の意義とその方法を説き、下巻では、病者に対する看病の功徳、死体の処理法、葬儀・追善供養の心構えなどについて詳細に説かれています。

受不施側の立場から、一般庶民の実践すべき修行の方法が描かれ、江戸時代の法華信仰・題目信仰のかたちを知る上で、貴重な史料となっています。

法華信仰の習俗

送り火と題目踊り

江戸時代の京都盆地北部の松ヶ崎（京都市左京区）や西部の鶏冠井《かいで》（向日市）という地区の人々は、全村あげて法華信仰を貫いていました。周辺地域の人々からは、「堅法華《かたぼっけ》」と呼ばれるように、堅い法華信仰で結びついてきた人々です。これは、松ヶ崎に生まれた女性が、法華信仰の家でないと嫁がないといったことに象徴されています。

八月十六日の京都五山を彩る「送り火」【次頁写真参照】のうち、大文字の次に点火される「妙」と「法」の火は、松ヶ崎の人々が焚き続けてきたものです。

送り火は、それぞれ町ごとに担当が決まっており、点《とも》す位置も家ごとに先祖代々の受け持ち場所があるようです。この字は、村民が法華に改宗した時、日像《にちぞう》が杖で「妙」の字を書いて点火し、

「法」の字は下鴨大妙寺の日良《にちりょう》が書いたことに始まるといわれています。

この行事の時、松ヶ崎の涌泉寺の住職や檀徒は、団扇《うちわ》太鼓を叩き、題目を必死で唱え続けます。いわゆる、盆供養、先祖供養としての民間信仰が仏教行事と融合しているものです。

これが終わると、涌泉寺の境内で「題目踊り」が始まります。男女とも揃いの浴衣を着て、女性はその上に三巾前垂《みはばまえだ》れをつけ、頭に手拭いをかぶります。

手には団扇や扇を持ち、円陣を作って、頭を伏せながら体をかがめて踊ります。この題目踊りは、日像の教化により、村民すべてが日蓮宗に改宗できたことから始まったといわれています。

江戸時代の文献に描かれた「送り火」の光景
（著者蔵）

鶏冠井題目踊り

日像が鶏冠井《かいで》の地を布教した折、上辻三郎四郎という人物が日像に帰依し、一早く信徒となりました。ある日、法華経に説かれる草木成仏《そうもくじょうぶつ》のいわれを問い、自炊していた日像が静かに鍋の蓋《ふた》をとると、不思議にも湯気の中に七文字の題目が現れました。

このうわさを耳にした村人たちは、野良着のまま三郎四郎の家に集まり、庭先で太鼓を打ったり、笠を手にして踊ったりしたといいます。

その時の踊りが「鶏冠井題目踊り」といわれ、京都府の無形民俗文化財に指定されています。日像創建の石塔寺では、毎年五月三日の花まつりに、鶏冠井題目踊りが奉納されます。

七尾七面踊り

奥能登の浄覚寺（七尾市《ななお》）には、雨乞いの七面大明神《しちめんだいみょうじん》が安置されています。毎年八月十八日、十九日の両日に開帳があり、五穀豊穣《ごこくほうじょう》・海上安全を祈願するとともに、御宝前で「七面踊り」が披露されます。

これは、江戸時代に能登地域が大飢饉に見舞われ、村の名主は、断食して雨を祈り、足の達者な人は身延の七面山に水を汲みに行きました。すると、八月十八日に雨が降り、村人は、大喜びで踊りました。これが七面踊りの始まりといわれています。

法華和讃（歌題目）

和讃とは、和文による仏教讃歌の一種で、その内容は仏・菩薩の功徳や教法、また祖師・名僧の功績を褒め称えたものが多く伝えられています。

日蓮宗の和讃の多くは、日蓮聖人の生涯を讃仰《さんごう》したもので、他に「釈尊和讃」「先師和讃」「法華和讃」「教義和讃」などがあります。各地にオリジナルの「日蓮聖人一代記和讃」が伝えられ、青森県や千葉県には多くの日蓮聖人和讃が残存し、現在も歌い継がれています。なお、法華和讃の名前が記録に現われるのは、室町中期の身延山十二世日意《にちい》の『大聖人御筆目録』（意師目録）が初見といわれています。

千葉県本行寺の「題目踊歌《おどりうた》」は、所伝によると、天正十年（一五八二）この地に弘教《ぐきょう》した池上本門寺十二世日惺《にっせい》が、本行寺で一日一座、五十日の布教をした上総五十座と共に伝えたといいます。享保年間以降になると、五十座で布教師が語る聖人一代記と、そこに歌われる聖人和讃とが相俟って、一層盛んになっていきました。

江戸時代中期以降に、日蓮聖人の和讃が盛んに作られたのも、祖師信仰の急激な高まりと、地域の講組織の成立が要因といわれています。

熱原法難と歌題目

弘安二年（一二七九）に起こった「熱原法難《あつはらほうなん》」（駿河富士郡の日蓮門弟に加えられた弾圧）の霊蹟として知られる本照寺（富士市厚原）**【下写真参照】**の寺院開創の由来は、岩本実相寺の中老僧日源《にちげん》が、熱原法難殉教者の菩提を弔うため、弟子の日信に命じて神四郎《じんしろう》兄弟の邸に建碑し、本照寺と名付けたことに始まります。一般に伝える殉教三士は、熱原神四郎国重・弥五郎・弥六郎の三人をいいます。

本堂には、主たる殉教者である神四郎の坐像が奉安され、境内には「神四郎廟《びょう》」があります。また、寺内の宝蔵には、浮世絵の奇才・葛飾北斎が描いた

熱原本照寺（富士市厚原）

と伝えられる「神四郎殉教図」が格護されています。この殉教図には、神四郎に対する弾圧の姿が如実に描かれています。昭和の大和絵の大家である植中直斎画伯も、「加島法難図」（熱原神四郎の惨禍）を描き、広く一般にこの法難を紹介しています。

本照寺では、昭和五十三年に法難七百年の報恩法要が奉行され、神四郎の強盛な信心と法難のありさまは、寺内に組織される正信講《しょうしん》中の歌題目によって、今も詠《うた》い継がれています。

◆「熱原神四郎殿歌題目」（本照寺三十五世肥田泰順撰）

一、弘安二年の秋のすえ　鷲の高嶺のみ教えは
二、加島の庄に広まりて　信徒は日々に増すばかり
三、滝戸の行智むねんさに　熱原殿をなきものに
四、兄の弥藤次訴えて　鎌倉方に召し取られ
五、無実の罪で牢屋入り　責めせっかんもせうこなし
六、念仏強ゆる難題も　かたき信仰ゆるぎなし
七、頼綱いかり下知のもと　松の大木にしばりあげ
八、弓矢を持たせて判官に　射殺させんと引きしぼる

九、熱原殿は射るごとに　南無妙法と唱えたり
十七、本の弓矢で情なや　命を捨てし法のため
十一、たえなる法の花はちす　熱原郷に咲き匂う
十二、屋敷は今の本照寺　いやが上にも栄えけり
十三、昔を語る五輪の塔　烈士をしのぶつゆなみだ
十四、信徒やちとせ手本なり　信徒やちとせ手本なり

繰り弁

日蓮聖人と先師の伝記を、抑揚ある語りで作った説教を「繰《く》り弁」といいます。いつ成立したかは不明ですが、江戸時代後期には、ほぼでき上がっていたようです。

題材は、日蓮聖人の生涯に関するもので、文永八年の法難に関する通称「文八《ぶんぱち》」といわれるものが盛んです。現在、「祈雨」「召捕」「八幡諫暁《かんぎょう》」「切通し」「四条訣別」「ぼた餅供養」「日朗身替り」「土壇場《どたんば》」「行合川《ゆきあいがわ》」「星下り」「日朗土の牢」「朗師土牢」「依知《えち》御発足」などの十三講話が知られています。

これらは、「語り」「対話」「道ゆき」の組合わせで作られ、高く組まれた説教台に説教師が正

坐して説法し、所作を行う高座説教の形式で行われます【下写真参照】。

●百部経布教

「百部経布教《ひゃくぶきょうふきょう》」とは、国家安泰・五穀豊饒の祈祷を趣旨とする「漸読百部経《ぜんどく》」という法要の後に行われる布教のことです。大坂（大阪）では、「大坂百部経布教」または「浪華百座説法《なにわ》」と呼ばれ、江戸時代初期には行われていたといいます。毎年五月三日か四日頃から始まり、月末の二日間を休み、六月十日か十一日頃には終了します。

当初は二十五ヵ寺で勤めていましたが、次第に加盟寺院が増え、昭和期には三十七ヵ寺が百部経会を勤め、布教を行っています。

また、愛知県尾張宗務所管区では、三月下旬から四月下旬までの約一ヵ月間営まれる百部経法会の際に、連続布教が行われており、これを「尾張百部経布教」といっています。

高座説教の絵図（大阪市蓮光寺蔵）

百部経というのは、それぞれの寺院の檀家が、先祖の追善供養のために浄財を寄付し、それを基金とし、その利子を必要経費に充てて行う法要のことです。大正から昭和にかけて、尾張地区の寺院のほとんどがこの行事に参加したといいます。

上総五十座説法

天文十九年（一五五〇）に池上本門寺十一世日現《にちげん》が、池上祖師堂復興と法華経布教のため、上総《かずさ》本行寺（勝浦市）で二百余日にわたる布教を行いました。続いて本門寺十二世日惺《にっせい》は、天正十年（一五八二）本行寺において一日一坐で五十日間の布教を行いました。これが「上総五十坐説法」の発祥といわれています。

江戸時代に入って、各寺でも盛んに長坐（長い間の布教）という名称で説法会を奉行していきます。現在では、浜七ヵ寺（勝浦本行寺・新戸長慶寺・串浜恵日《えにち》寺・守谷本寿寺・鵜原法蓮寺・松部妙潮寺・川津津慶《しんけい》寺）において、輪番《りんばん》で行われています。

金沢千部布教

毎年五月、金沢市において寺町《てらまち》組、卯辰《うたつ》組の両方に分かれて「千部会《せんぶえ》」が修され、その後に高座説教が行われます。その始まりは、元和三年（一六一七）に加賀藩二代藩主前田利長の養女の一周忌法要が営まれましたが、その際に、加賀藩より法華千部読誦会を修するよう依頼があったことといわれます。

地域的に毎年行うようになったのは、卯辰組では卯辰五ヵ寺（妙国寺・全性寺・蓮覚寺・妙泰寺・蓮昌寺）で明和三年（一七六六）から、寺町組では寺町四ヵ寺（立像寺・高岸寺・妙典寺・妙法寺）で文化三年（一八〇六）から、それぞれ修されています。

●御難の牡丹餅

日蓮聖人が龍ノ口刑場に連れられていく時、一人の老婆が牡丹餅《ぼたもち》を聖人に差し上げたという伝承があります。現在も九月十二日、鎌倉にある講の家に集まって題目を唱えながら牡丹餅を作ります。刑場の地に建立された龍口寺では、龍口法難会の行事とともに牡丹餅供養が行われ、参詣者に「御難《ごなん》の牡丹餅」がまかれています。これは、日蓮聖人が法難から免《まぬが》れたというご利益にあやかるため、災難除けの餅として、庶民信仰の対象となっています。

常栄寺（鎌倉市）は、牡丹餅を供養した桟敷《さじき》の尼《あま》の庵室であったといい、通称「牡丹餅寺」といわれています。

法華信仰と芸術

本項では、法華信仰を題材として生まれた、江戸時代のさまざまな芸能や文学について、みていきます。

●落　語

江戸の落語には、法華信仰を題材とした作品がいくつかあります。その中でも「鰍沢《かじかざわ》」と「法《ほっ》華長屋《けながや》」を紹介してみましょう。

◆「鰍沢《かじかざわ》」

江戸の町人が身延山参詣の途中に道に迷い、山中にある一軒宿に宿をとります。この家の女房は、吉原の遊女あがりの女で、金欲しさから旅人にしびれ薬を飲ませます。宿で休んでいた旅人は、体が動かなくなってしまいました。そこで、身延で買い求めた毒消し護符《ごふ》を持参しているのを思い出し、口に含みます。すると、体が動くようになり、逃げ出すように宿を飛び出しました。宿の女房は、鉄砲を持ち、旅人のあとを追いつめていきます。旅人は、川の絶壁に追い込まれ、富士川に飛び込みました。川には、筏《いかだ》が浮かんでおり、運よく助かり一命をとりとめます。最後に、「お材木《ざいもく》（お題目）のおかげで助かりました」というのがおち、で、題目と材木が掛詞《かけことば》になっているものです。

◆「法華長屋《ほっけながや》」

江戸の下谷《したや》に、「法華長屋」という長屋（住居）がありました。この長屋の家主は、法華の信者で、他宗の人には家を貸さないほど信心を持っていました。この家に集まってくる借り主は、すべて法華の信者で、長屋に売りに来る商人が他の信仰を持つ人では、買わないといいます。

そこで、商人は「エエ祖師大根、エエ祖師大根はいかがかな」「南無妙ほうれん草はないかい」「二把残っています」「いくらですか」「三十番神で」「高いね、品第《しなだい》、十六文にまけてよ」といった調子で売ります。三十番神は法華経の守護神で三十文のこと、品第十六文は如来寿量品第十六を示しています。こうした何気ないやりとりの中に、家主の法華気質《かたぎ》が表現されています。

他に「清正公酒屋《せいしょうこう》」「甲府《こうふ》い」「身延詣《みのぶもうで》」「おせつ徳三郎」などがあります。江戸における法華信仰の姿が、落語といった庶民芸能に語られていることは、江戸に法華信仰が浸透していたことの表われです。

歌舞伎・浄瑠璃

日蓮聖人の事跡を脚色した歌舞伎《かぶき》や浄瑠璃《じょうるり》を「日蓮記物《にちれんきもの》」と称しています。浄瑠璃にも霊験《れいけん》や奇跡がつきものでした。迫害を受けたり、苦境に立たされていた主人公が、やがて不思議な力で奇跡的に助かったという霊験功徳を説くものが多く作られました。

浄瑠璃では、近松門左衛門作の「日蓮上人記」が享保三年（一七一八）十月に竹本座で、並木鯨児・並木正三添作「日蓮上人御法海《みのりのうみ》」が宝暦元年（一七五一）十月に豊竹座で、それぞれ上演されています。特に、古浄瑠璃の正本「にちれんき」は、日蓮聖人の小松原法難《こまつばらほうなん》・龍口法難《りゅうこうほうなん》から入滅に至るまでの伝記の中でも劇的な部分を取り上げて描いています。これは、現存する日蓮記物の正本としては、最も古いものといわれています。

歌舞伎では、享保十一年（一七二六）九月に「報恩日蓮記」が江戸中村座で初演され、同十四年に「日蓮上人明星名木」が同座で上演されています。これは、大正・昭和期に入っても同じ現象で、龍口法難や佐渡流罪といった劇的な作品が次々と上演されていきます。時代は変わっても、ドラマチックな場面の中で日蓮聖人の霊性が語られ続けました。

●文学と法華気質

江戸時代の戯作者・式亭三馬《しきていさんば》（一七七六～一八二二）の『浮世風呂《うきよぶろ》』には、「一天四海皆帰妙法《いってんしかいかいきみょうほう》、南無高祖日蓮大菩薩、南無妙法蓮華経、南無妙法蓮華経」「願はくは此《この》功徳を以《もっ》て普《あまね》く一切の衆生《しゅじょう》に及ぼさん、南無阿弥陀仏、南無阿弥陀仏」と、それぞれの唱え文句をいいながら入浴する法華と浄土の信徒の生態が如実に描かれています。また、江島其碩《えじまきせき》（一六六六～一七三五）の『浮世親仁形気《うきよおやじかたぎ》』には、両替屋へ借金をしに行きながら、その店の主人が念仏衆であったために、口論をしただけで帰ってきた法華信者の話が登場します。

俳諧の世界においても、例えば、俳諧を文芸の一つのジャンルとして確立させた人物として知られる松永貞徳《まつながていとく》（一五七一～一六五三）は、法華信者でした。貞徳の流派は「貞門」といい、貞門三部書として『新犬筑波集』『御傘《ごさん》』『紅梅千句』があります。

松江重頼《まつえしげより》編俳諧句集『犬子集《えのこしゅう》』には、「情強《じょうごわ》に　なるな鶯《うぐいす》　ほう法華経」と詠まれています。

法華信仰の霊場

本項では、全国各地に存在する「法華霊場《ほっけれいじょう》」について取り上げ、その主要なものを紹介してみましょう。法華霊場とは、祖師・日蓮聖人や法華経の守護神などと深いゆかりがあり、その信仰が盛んに行われている寺院や山岳などをいいます。

各地の法華霊場

高名な法華霊場として、身延山の七面山《しちめんさん》、能勢《のせ》の妙見山《みょうけんさん》、岡山の最上稲荷《さいじょういなり》などがあります。七面山には七面大明神《しちめんだいみょうじん》が、妙見山には妙見菩薩《みょうけんぼさつ》が、最上稲荷には最上位経王大菩薩《さいじょういきょうおうだいぼさつ》【次頁写真参照】が、それぞれ祀られています。

霊場には、それぞれ勧請仏《かんじょうぶつ》を祀る堂宇があり、信仰する人々が参拝する道や参籠する部屋、また門前町が形成されます。これらは山岳霊場であったり、後ろに山を控えた霊場であったり、

最上位経王大菩薩（著者蔵）

市街地の霊場であったりします。

江戸市域には、市街地の霊場として、雑司ヶ谷《ぞうしがや》鬼子母神《きしもじん》法明寺《ほうみょうじ》、高田《たかだ》亮朝《りょうちょう》院《いん》（七面大明神）、柴又帝釈天題経寺《しばまたたいしゃくてんだいきょうじ》などが、その代表として存在しています。

江戸の祖師霊場

江戸時代の中後期に、祖師（日蓮聖人）に対する信仰から、江戸市域に多くの祖師像が造立され、地域の人々に礼拝されました。

祖師信仰が盛んであった江戸では、地域の祖師像を巡拝するかたちが定着していきます。

その中でも、次に一覧を挙げる「江戸

十大祖師霊場」と「江戸八大祖師霊場」が、最もよく知られています（※なお、一覧は、上から寺院名・所在地・祀られている祖師像の特徴や通称、の順で記しました）。

◆「江戸十大祖師霊場」

一、深川浄心寺　（江東区平野）　「身延久遠寺と同木・厄除《やくよけ》祖師像」
二、本所《ほんじょ》法恩寺　（墨田区太平）　「中老僧日法《にっぽう》作祖師像」
三、松が谷本覚寺《ほんがくじ》　（台東区松が谷）　「日限《ひぎり》願満の祖師像」
四、土富店《どぶだな》長遠寺《ちょうおんじ》　（台東区元浅草）　「宗祖自開眼《じかいげん》開運の祖師像」
五、池の妙音寺《みょうおんじ》　（台東区松が谷）　「火中出現の祖師像」
六、谷中《やなか》瑞輪寺《ずいりんじ》　（台東区谷中）　「安産飯匙《しゃもじ》の祖師像」
七、谷中宗延寺《そうえんじ》　（現・杉並区堀ノ内）　「読経の祖師像」
八、谷中宗林寺《そうりんじ》　（台東区谷中）　「厄除け祖師像」
九、牛込幸国寺《こうこくじ》　（新宿区原町）　「厄除け布引の祖師像」
十、浅草幸龍寺《こうりゅうじ》　（現・世田谷区烏山）　「日法作祖師像」

◆「江戸八大祖師霊場」（江戸以外も含む）

一、**雑司ヶ谷法明寺**（豊島区南池袋）「日蓮聖人弟子日源《にちげん》作祖師像」
二、**堀之内妙法寺**（杉並区堀ノ内）「厄除け祖師像」
三、**池上本門寺**（大田区池上）「日法作祖師像」
四、**真間弘法寺《ままぐほうじ》**（市川市真間）「日法作祖師像」
五、**平賀本土寺《ひらがほんどじ》**（松戸市平賀）「日像作親子相想の尊像」
六、**多古妙光寺**（千葉県香取郡多古町）「肉髭《にくひげ》の祖師像」
七、**比企谷妙本寺**（鎌倉市大町）「寿像《じゅぞう》の祖師像」
八、**片瀬龍口寺《りゅうこうじ》**（藤沢市片瀬）「日法作祖師像」

●「うつし」の法華霊場

全国各地にある法華霊場の中には、高名で霊験《れいけん》があるとされる法華霊場（七面山や能勢妙見山など）の、その信仰上の特徴となるさまざまな要素——例えば「池がある」「滝がある」など——を、模したり、あるいはイメージを重ね合わせたりすることによって開創された、「うつし霊場」が存在しています（「うつし」は「写し」または「移し」の意）。

例えば、七面山のうつし霊場としては、山梨県早川町の「北の池七面大明神」や京都市伏見区の「宝塔寺《ほうとうじ》七面大明神」などがよく知られています。

ここでは、この七面山のうつし霊場に注目してみましょう。

まず、オリジナルの七面山信仰の特徴をみてみると、次の八つの要素が、主なものとして挙げられます。

①**山。**七面山そのもの。七面大明神を祀る山岳信仰としての位置づけ。

②**池。**山頂の「一の池」や「二の池」など。七面大明神は池に住んでいると伝えられている。

③**滝。**山麓の「お万《まん》の滝」。この滝で身を浄《きよ》めてから登詣する**【下写真参照】**。

④**堂宇。**山頂の、七面大明神を祀る

七面山麓の「お万の滝」

「敬慎院《けいしんいん》」（七面堂）**【下写真参照】**。

⑤神像。敬慎院の「摩尼殿《まにでん》」に祀られる七面大明神像。礼拝の対象となる。

⑥参道。表参道・裏参道、五十丁《ちょう》の道程。

⑦鳥居。表参道登山口、身延妙石坊、裏参道登詣口にある。

⑧灯籠《とうろう》・丁石《ちょうせき》。参道に建立される道標。

※これらの他に、御来光《ごらいこう》（朝日）信仰や、「影向石《ようごうせき》」にみられるような巨石信仰の要素を挙げることもできます。

さて、各地にある七面山の「うつし霊場」は、これらの信仰上の特徴となる要素を、できる限り、うつし出そうとします。例えば、①の「山」の要素については、寺院の後ろにある山

七面山本社（敬慎院）

を七面山の「うつし」として位置づけたりするわけです。また、その山頂に、④の要素にあたる「堂宇」（七面堂）を建立し、オリジナルの七面山の堂宇である敬慎院をうつし出します。さらに、そこに祀る七面大明神の像も、⑤の「神像」の要素として、実際に摩尼殿に祀られている像と同型のものを勧請することによって、うつし出そうとするわけです。

ここで、七面山の「うつし霊場」の事例を三つほど紹介し、それらの霊場が、どのくらい「うつし」の要素をそなえているか、みてみましょう。

北の池七面大明神（山梨県早川町榑坪）

七面堂は寛文十一年（一六七一）建立。七面大明神像は身延山三十一世日脱《にちだつ》の時代のもの。

《うつしの要素》 山・池・堂宇・神像・参道・鳥居・灯籠

京都宝塔寺七面大明神の鳥居と参道

大原野《おおはらの》七面大明神（山梨県早川町大原野）

七面大明神像は宝暦十三年（一七六三）造立。

《うつしの要素》　山・池・滝・堂宇・神像・参道・鳥居・灯籠

京都宝塔寺七面大明神（京都市伏見区）【前頁写真参照】

七面大明神像は寛文六年（一六六六）造立。

《うつしの要素》　山・堂宇・神像・参道・鳥居・灯籠

「うつし」の要素のいくつかをそなえた霊場は各地に存在しますが、しかし、すべてをうつし出した霊場は、あまりないようです。また、参道についても、本社（オリジナルの七面山）が五十丁の道程であるのに対して、参詣距離から五丁や十丁で山頂に着くといった、本霊場を小さくしたミニチュア霊場も登場しています。

●「分体」を祀る霊場

前記では七面山の「うつし霊場」について述べましたが、ここでは七面大明神の「分体《ぶんたい》」が祀られている霊場を紹介します。

箱根本迹寺《ほんじゃくじ》（神奈川県足柄下郡箱根町）

身延山とゆかりのある寺院で、「東七面山」と称される。縁起によれば、身延山五十三世日奏《にっそう》が、文化十一年（一八一四）に身延山宝蔵の日蓮聖人像と七面大明神像を身延七面山本社から分体し、隠棲したと伝えられる。七面大明神像は、本社の像と「一木二体《いちぼくにたい》」の尊像として信仰され、本堂背後の山頂に安置されている。

沼津日緬寺《にちめんじ》（静岡県沼津市）

「身延東海別院」の称号を有する。牛臥山の山頂には七面堂があり、七面山本社の分体が祀られている。

法華霊場巡拝

各地の法華霊場を巡《めぐ》ってお参りする、「巡拝《じゅんぱい》」（巡礼）の信

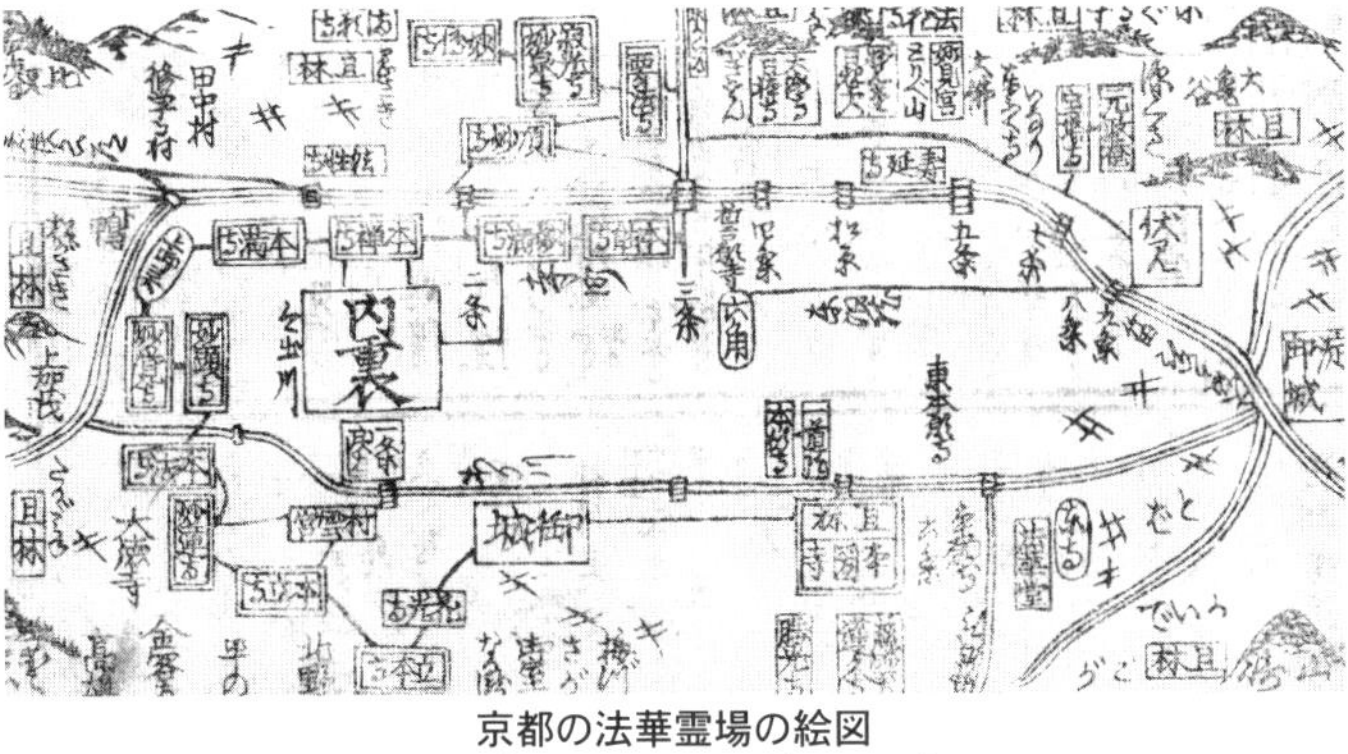

京都の法華霊場の絵図
（『法華諸国霊場記図絵』より）

仰が、江戸時代から盛んに行われるようになります。巡拝は、個人で行うものと、集団（講中《こうちゅう》）で行うものがありました。その多くは、講を結成し、講員の中で選ばれた人が代参を行うものでした。

巡拝が行われる霊場の代表的なところは、日蓮聖人や先師にまつわる霊場で、次のようなものがよく知られています。

佐渡霊場巡拝　根本寺・妙照寺ほか

房総霊場巡拝　誕生寺・清澄寺ほか

江戸霊場巡拝　池上本門寺・柴又帝釈天・雑司ヶ谷鬼子母神ほか

京都霊場巡拝　二十一箇本山（十六本山）**【前頁写真参照】**

身延山巡拝　久遠寺・奥の院・七面山

第四章
名僧・信徒の法華信仰

日興と法華信仰

本項では、日蓮聖人の弟子で、「六老僧《ろくろうそう》」の一人に数えられる日興《にっこう》（一二四六〜一三三三）【次頁写真参照】の法華信仰のあり方を、その生涯を追いつつ、みてみます。

●誕生

日興は、寛元四年（一二四六）三月八日、甲斐国鰍沢《かいのくにかじかざわ》（山梨県鰍沢町）で誕生しました。同地の蓮華寺には、生誕の地として「日興聖跡碑」と「誕生の碑」が建立されています。近くの蓮《れん》久寺《きゅうじ》には、日興が産湯《うぶゆ》をつかったと伝えられる井戸と、両親の像があります。

日興の父は、大井庄の武士で、もとは遠江《とおとうみ》に住んでいましたが、後に甲斐に移転しています。母は富士河合《かわい》（静岡県芝川町）の由比《ゆい》家の娘で、兄弟は三人以上であったといわれています。父は、幼少の時に亡くなり、母は武蔵の綱島《つなしま》家に再嫁しています。以降、日興は、富士河合の由比家に引き取られ、幼くして蒲原四十九院《かんばらしじゅうくいん》に登ることになりました。

修学

四十九院の場所は、現在四ヵ所伝えられるところがあります。富士川町岩淵《いわぶち》には、四十九院という地名が今でも残っており、この地域が有力といわれています。

日興（京都妙伝寺蔵）

日興は、四十九院で仮名や漢字の読み書き、儒学・国学を学び、須津《すづ》（富士市）において漢学・書道・歌道を学んでいます。書道は冷泉《れいぜい》家に学んだため、後の日興の筆跡をみると、きちんとした書風の中に優しさがあり、曼荼羅本尊《まんだらほんぞん》を拝すると、雄大さ、華麗さが窺《うかが》えます。

この後日興は、天台・真言をはじめ、仏教を学ぶために岩本実相寺《じっそうじ》（富士市）に赴いています。当時の実相寺は天台宗の大寺院で、宗派の教義の他に、広く仏教に関する総合的な学問を教えていました。日蓮聖人は、当時起こった大地震の理由を探るため、正嘉元年（一二五七）実相寺の一切経蔵【次頁写真参照】に入られ、諸経を閲覧しています。三年後の文応元年（一二六〇）聖人は、『立正安国論《りっしょうあんこくろん》』を述作し、北条時頼に進覧しています。

この、日蓮聖人が経蔵に入られた折りに、日興は、弟子になることを許されました。聖人は、幼いながらも優れた人柄を見抜き、将来教団を担《にな》っていく人物と考え、弟子としたわけです。

当時、日興は「伯耆房《ほうきぼう》」と名乗っていましたが、この折に日興の名を賜わったといわれています。以降、聖人の入滅まで日興・伯耆公《こう》・白蓮阿闍梨《びゃくれんあじゃり》などの名称を使用したようです。

三箇の謗法

日興は、身延の日蓮聖人の廟所《びょうしょ》を守っている時に、南部実長《なんぶさねなが》が謗法《ほうぼう》（正しい教えに背《そむ》く）を犯したとし、その理由として、次の三点をあげています。

1、立像《りゅうぞう》釈迦仏を造立し、これを本尊としようとしたこと。

2、日蓮聖人が禁止した社寺参詣を行い、特に三島大社に参詣したこと。

3、南部郷内福士の念仏塔供養に参列したこと。

実長は、釈迦仏造立を懇願し続けていましたが、日興は、日蓮聖人の教義の上から、これを拒否しています。しかし、実長は納得しませんでした。

三島大社は源頼朝以来、武家の篤い信仰を受けた神社であり、当時は、鎌倉幕府の中心であった北条氏の保護を受けていました。当地の伊豆国は、北条宗家《そうけ》の領地である上に、源頼朝が再起を誓った場所でもあります。よって、鎌倉幕府に奉公する武将は、三島大社に参詣する風習があり、実長もこれに習ったものと思われます。

実長の領地内の福士（山梨県南部町）に「富士講《こう》」（富士山を信仰する人々）の塔が建てられた際、実長は、これを供養し、芳《ほう》名帳《めいちょう》に名を記しています。実長にしてみれば、南部地域の地頭《じとう》としての勢力を示すために行った政治的な行為ですが、日蓮聖人の教えからしてみれば、あくまでも謗法への供養に他ならないということです。

日興は、何処《いずこ》においても日蓮聖人の仏法を正しく伝えることが弟子としての努めで

岩本実相寺（富士市）の一切経蔵

あると考え、身延を後にすることを決意しました。このことからも、日興の厳格な性格と純心な信仰態度が読み取れます。

●身延を離れる

日興が身延山に入ったのは、三十七歳の時です。師匠である日蓮聖人の身近にいて給仕奉公の誠を捧げ、片腕となって活躍しようと思ったからです。しかし、数年後の正応元年（一二八八）十二月に身延を下山したと伝えられています。この理由は、後世になっていろいろといわれていますが、一説には、日向《にこう》や実長との不仲があげられています。日興側の史料からその理由を窺うと、次のことがあげられています。

1、三大秘法《さんだいひほう》（本門の本尊・本門の戒壇《かいだん》・本門の題目）を確立する。
2、弟子を教育する。
3、重要な法義を著す。
4、読経や唱題に専念する。

つまり、富士地域に戒壇を建立するために下山したと、富士門流の寺院ではいっています。

弟子の教育

日興は、富士大石ヶ原の地に本門戒壇と布教の拠点を築こうと思い立ちました。そこで、駿河国《するがのくに》（静岡県）上野の地頭南条時光《なんじょうときみつ》のもとに赴き、外護《げご》をうけて下条村に下之坊を開いたと伝えます。正応三年（一二九〇）十月には、大石ヶ原に大石寺（富士宮市上条）を創建しました。

その八年後の永仁六年（一二九八）、北山の地頭石川能忠《いしかわよしただ》の外護のもと、重須《おもす》に本門寺（富士宮市北山）【下写真参照】を創建しました。重須には、僧侶の教育機関としての談所（檀林《だんりん》）が開かれ、弟子や信徒の育成が図られています。

富士山の間近な地において、日目《にちもく》をはじめとする多くの門下の育成を行い、南條家・由比家・石川

本門寺（富士宮市北山）

家・新田家・秋山家の檀越《だんのつ》（信徒）の教化、公家《くげ》や武家への諌暁《かんぎょう》活動を行っています。

●駿河での布教、そして遷化

日興は、文永十一年（一二七四）六月下旬より甲斐・駿河国の布教を始めました。日蓮聖人に給仕奉公し、その傍《かたわ》ら駿河地域にあっては法華経の教えを弘め、その最大の拠点は実相寺（富士市）と四十九院（所在は諸説あり）でした。

実相寺より東へ四キロほど行ったところに熱原《あつはら》郷があります。そこに、天台宗の古刹・滝泉寺《りゅうせんじ》がありました。建治元年（一二七五）六月頃、滝泉寺の住僧である下野《しもつけ》房、越後《えちご》房、三河《みかわ》房、和泉《いずみ》房、兵部《ひょうぶ》房などが、日興の教化を受けて日蓮聖人に帰依しています。聖人は、下野房に日秀《にっしゅう》、越後房に日弁《にちべん》、少輔《しょう》房に日禅《にちぜん》の日号《にちごう》を授与しました。これらの弟子は、もと天台宗の学僧であり、日興が教化した人々であったのです。一方、滝泉寺の行智《ぎょうち》との法論の中で、三位《さんみ》房と大進《だいしん》房は、日興の弟子をやめています。

日興は、八十八年の生涯を重須の地において閉じました。時に元弘三年（一三三三）二月七日のことです。日興が遷化《せんげ》したと聞いた多くの弟子や信徒の居住地は、駿河国から遠くは四国（讃岐）・九州地方にも及んでいます。

日親と法華信仰

●「鍋かむり日親」と呼ばれた人

室町時代に生きた日親《にっしん》（一四〇七〜八八）【肖像は本書75頁写真参照】は、日蓮聖人が著した『立正安国論《りっしょうあんこくろん》』になぞらえて、時の為政者に『立正治国論《りっしょうちこくろん》』を提出しました。幕府は、日親を危険人物として牢獄に入れ、火あぶりの刑、舌抜きの刑といった拷問を行いました。特に、熱い鍋《なべ》を頭にかぶせる刑にも耐えたことから、後生に「鍋かむり日親」と呼ばれるようになっています。

日親信仰の拠点となる京都本法寺《ほんぽうじ》の本堂に安置される日蓮聖人像は、文明八年（一四七六）日親開眼《かいげん》によるものといわれています。過去に土蔵に安置されていた日親像は、二十三世日近《にちごん》の銘があり、日貞《にってい》が宝暦十一年（一七六一）十一月一日に開眼した日親像は、本堂左脇に安置され、開山堂《かいざんどう》にも、江戸時代作といわれる日親坐像が安置されています。こうして、本法寺においては、江戸時代になると日親信仰の高揚から、礼拝の対象となる日親像が次々と造立されていったわけです。

本法寺には、日親自筆の曼荼羅本尊《まんだらほんぞん》や書状をはじめ、『立正治国論』、『伝灯抄《でんとうしょう》』、『祈祷経《きとうきょう》』、所持の玉形念珠、袈裟《けさ》のほかに、「日親上人守護鍋《にっしんしょうにんしゅごなべ》」と箱書きされた鍋の破片【下写真参照】などが格護されています。これらの日親ゆかりの宝物から、日親のイメージが形づくられていきます。

「開山日親上人徳行図《とくぎょうず》」と題された絵巻一巻が法《ほう》橋片山尚景《きょうかたやましょうけい》によって描かれており、伝道に生きた日親の生涯が絵画によってイメージされています。各地の日親ゆかりの寺院でも、日親の「一代記」や「法難図」【次々頁写真参照】が盛んに作成されるようになります。浄瑠璃《じょうるり》（貞享四年作）でも演じられ、庶民に日親の姿が身近に感じられるようになっていったのです。

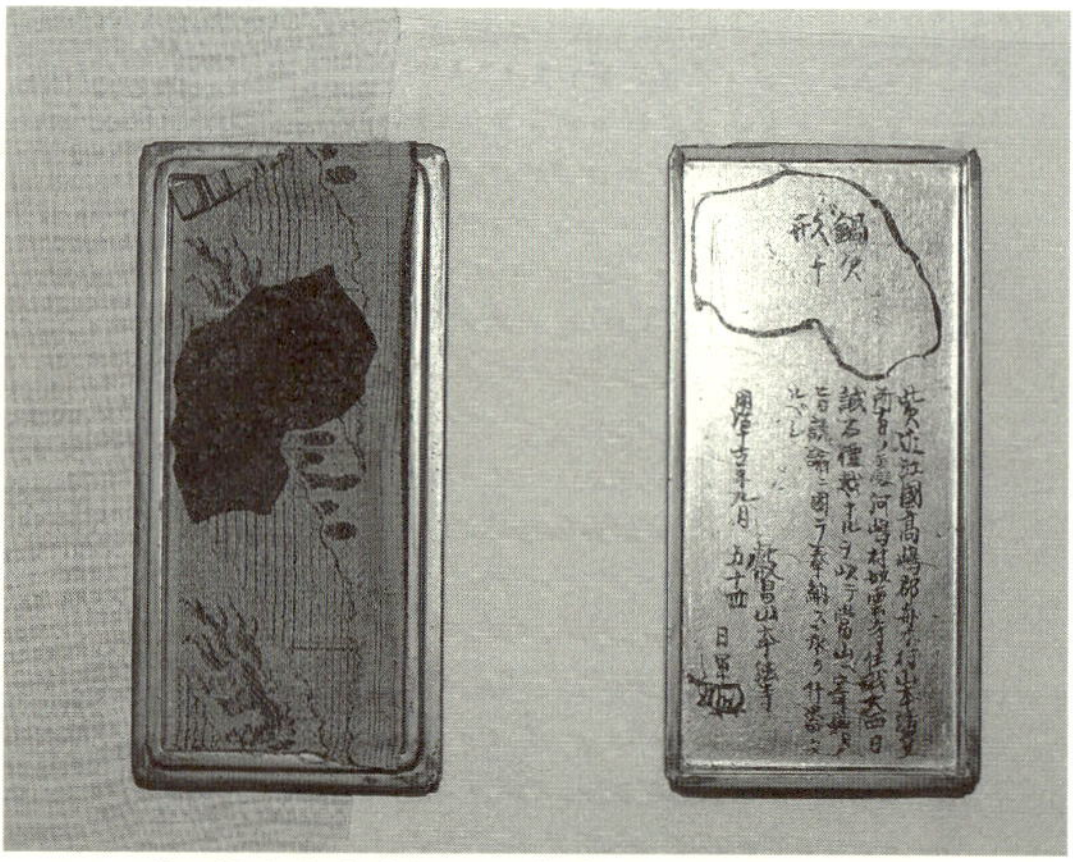

「日親上人守護鍋」と箱書きされた鍋の破片
（京都本法寺蔵）

法華信仰を弘める上で、日親筆曼荼羅本尊《まんだらほんぞん》の木版刷りである「形木《かたぎ》本尊」が大量に作成され、信徒はこれを掛け軸にして礼拝の対象として掲げました。全国各地の日親ゆかりの寺院では、五十年ごとに来る遠忌《おんき》や命日に報恩法要や日親を偲《しの》ぶ儀礼を修しました。

こうして、庶民の間では、「鍋冠《なべかむり》日親上人」と呼ばれて信仰され、各地の日親ゆかりの寺院で礼拝されるようになっていったのです。

日親の霊性

京都本法寺二十世日匠《にっしょう》は、世の中の人が、日親の「鍋かむり」のことのみ知って他の徳行を知らない、ということで、『日親上人徳行記』二巻を著しました。日匠のあとを受けて本法寺二十七世となった日達《にったつ》も、『日親上人徳行記』をわかりやすい文章に改め、元禄十五年（一七〇二）五月に刊行しました。これにより、日親の教えと信仰が、次第に庶民に知られるようになっていきました。

これは、江戸時代中期、日親滅後約二百年後の作品ではありますが、日蓮聖人の遺志を継承して、日親が法華信仰を弘めるために、六十余年の生涯を捧げたことが強調されています。内容は、全文を次のような二十一段に分け、日親の生涯を細かに記しています。

1、誕生／2、学問研鑽《けんさん》／3、弘法《ぐほう》を誓う／4、忍力を試す／5、霊夢をみる／6、上洛弘

法／7、高槻一乗寺《たかつきいちじょうじ》／8、博多法《ほっ》性寺《しょうじ》／9、立正治国論／10、禁獄生活／11、冠鍋上人／12、義教《よしのり》の現《げん》罰《ばつ》／13、本阿弥清信《ほんあみきよのぶ》／14、備後常《びんごじょう》国寺《こくじ》／15、出雲大慶寺《いずもだいけいじ》／16、播磨《はりま》の法難／17、著述活動／18、本法寺の建立／19、逆修《ぎゃくしゅう》の像／20、示寂《じじゃく》／21、滅後の霊験《れいけん》

ここでは、誕生から始まって、正法《しょうぼう》を布教するがために受けた法難がいくつかあげられ、法華経の加護によって克服できた日親の体験が説かれています。この中で中心となっているのは、やはり11の鍋かむり法難の部分です。この前後の段では、将軍義教から舌を抜かれそうになったり、数々の責めを受けている有り様が記され、法難の凄まじさがわかります。特に、「鍋かむり」「火あぶり」「釜むし」といった刑をうけた日親が、これらの火難・

日親法難図（京都本法寺蔵）

水難を克服するといった霊性を帯びた日親像が描かれていきます。書物を通じて、聖者日親に対する信仰が、人々に紹介されていきました。

高山樗牛の日親信仰

高山樗牛《たかやまちょぎゅう》（一八七一〜一九〇二）は、近代の日蓮信仰者として有名な人物です。三十一歳の若さで生涯を閉じますが、亡くなる前の病床で『冠鐺《なべかむり》日親』の短編集を著しているほどの篤信者でした。その著書の中で、「忍力試験」「一条戻橋《いちじょうもどりばし》の辻説法《つじせっぽう》」「将軍義教への上書」「捕縛」「冠鐺日親」「義教の現罰」などの章を綴《つづ》って論じていることからもわかります。この原点は、やはり『日親上人徳行記』であり、法華経の絶対的信仰の中に日親の宗教行動があったとしています。

こうして、近代の日蓮信奉者の間に、日親の存在が知られていったのです。

日親と滝

身延久遠寺の支院である岸之坊《きしのぼう》は、日親開山の宿坊です。境内に、

「日親大上人旧跡　醍醐谷《だいごたに》　岸□□（之坊）」

と刻された文化元年（一八〇四）の石塔があります。本来は、寺号塔として寺院の門前に建立さ

れたと考えられますが、現在は、庭の小川の辺りに移されています。

醍醐谷は、元の岸之坊があったところで、谷川の斜面にあたる場所です。この石塔の背面には、「日親瀧《たき》」と刻まれており、日親と滝がイメージされています。つまり、日親の法難を堪え忍ぶ姿と、修行者の滝行の姿とが重なり、庭の滝に映し出されているわけです。

●日親の霊場

『日親上人徳行記』最後の段に「滅後応験《めつごおうげん》」の項目があげられています。ここには、本法寺の日親御影《みえい》・廟所《びょうしょ》・遺骨・鳥辺山《とりべやま》の廟所（京都市本寿寺）・堺本成寺《さかいほんじょうじ》（堺市）の正御影《しょうみえい》（木像）・大坂正法寺《おおさかしょうぼうじ》（大阪市）の石塔などの、日親ゆかりの霊蹟や供養塔、御影、曼荼羅といった宝物が紹介されており、信徒はこれらを礼拝の対象としたと考えられます。日親滅後のさまざまな奇《き》瑞《ずい》や霊験譚《れいけんたん》が記され、現世利益《げんぜりやく》の信仰がすすめられています。その具体例として、次の三つがあげられます。

1、堺の鈴木氏の妻は日親を深く信仰していました。ある時その娘が懐妊しますが、難産と知って本成寺の正御影に詣でて平産を祈りました。一心に題目を唱え、この功徳によって平産のお告げを得たということです。

2、堺に住む羽渕由定《はぶちよしさだ》という者に一人の娘がいました。十六歳の時に高熱を患いましたが、治らずに医者からも見捨てられていました。両親は、日親を信仰していたので、数日後に本成寺に詣でて、娘の回復を願いました。すると、ある時、老僧が来て病人の胸をさすると、大熱がさめて回復したということです。これを母に語り、親子で本成寺御影の前にいって礼拝すると、病気の時の老僧は、この御影であったと娘が驚き、以降、親子で信仰を増すようになりました。

3、大坂に四郎右衛門という塩を商う人がいました。その母の妙信《みょうしん》は、日親を信仰していたため、万治年中に本山に詣で、鳥辺山御廟に参詣し、羽の滝のほとりで休んでいると、傍《かたわ》らに怪しい石を見つけました。土の中に埋もれていたので、杖にて掘り起こしてみましたが、力が及ばず、大坂に帰りました。しかし、そのままにしておくのは過《あやま》ちとして、再び清水に行って、院主に掘り起こすことを告げました。以降、これを大坂正法寺に納め、礼拝するようにしました。

これらの話は、堺や大坂における日親の霊験譚であり、日親御影・石廟・本尊の霊験は数えられないほどであると記しています。こうした日親信仰の対象となる寺院は、大坂町人の盛んな信仰によって繁栄していきました。日親の神秘的な霊力をもって、日親ゆかりの霊場信仰が生まれたわけです。日親の宗教的情熱と、苛酷な拷問にも一歩もひるまなかったことへの驚異、人を引きつける人間的な魅力を兼ね具《そな》えていたのであり、次第に庶民の帰依を得ていきました。『蔭涼軒日録』には、多くの帰依者が肥前から京都へ召還された日親を一目みようと集まり、日親の行く手を遮《さえぎ》ったことが記されているから驚きです。

●日親信仰と題目塔

江戸時代の江戸の年中行事を知る史料として、江戸の町名主・斉藤月岑《さいとうげっしん》が、天保九年（一八三八）に記した『東都歳事記《とうとさいじき》』があります。これをみると、芝正傳寺《しばしょうでんじ》（港区）に日親堂があり、江戸の人々に信仰されていたことが記されています。谷中安立寺《やなかあんりゅうじ》（台東区）にも日親堂があり、地域の人々の信仰を集めていたようです。この安立寺の境内には、題目塔が建立されており、次のように刻まれています。

〈正面〉南無妙法蓮華経／**〈背面〉**明治廿《にじゅう》年十月吉辰　当山廿世　日寛《にちかん》代／**〈右側面〉**一天四海皆帰妙法／**〈左側面〉**鍋冠日親上人四百遠忌報恩塔

銘文をみると、日親四百遠忌の明治二十年（一八八七）十月、二十世日寛代に報恩の行事を催し、その記念のために石塔が建立されたことが窺《うかが》えます。

日朝と法華信仰

日蓮聖人のご遺文《いぶん》『諸法実相抄《しょほうじっそうしょう》』の一節に、

「行学《ぎょうがく》の二道を励み候《そうろう》べし、行学は信心より起こるべく候」

とあります。法華を信仰する僧侶や信徒は、修行と学問の二つの道に精進し、これを両立させなければならないことが説かれています。


身延山十一世住持であり、眼病平癒の守護神としても信仰された日朝《にっちょう》は、この行学の二道を極めた学僧であり、院号にも「行学院《ぎょうがくいん》」【次頁写真参照】とつけられています。

誕生・修学

日朝（一四二二～一五〇〇）は、真言宗円応寺朝善《ちょうぜん》を父、妙秀《みょうしゅう》を母として、伊豆国宇佐美（伊東市）に生まれ、幼名を鏡澄丸《きょうちょうまる》といいました。

「行学院」の扁額
（本阿弥光悦筆、身延山内覚林坊）

時を同じくして、三島本覚寺（三島市）開山一乗院日出《にっしゅつ》の夢枕に日蓮聖人が現われ、「我をみんと思えば宇佐美の郷に行け」とお告げがありました。そこで、現地に赴いたところ、そこに幼い鏡澄丸がいたので、伴って帰りました。永享元年（一四二九）、鏡澄丸は、日出について得度しました。鏡澄丸八歳の四月八日のことでした。「鏡澄《きょうちょう》」という僧名が与えられました。

この得度式をあげた折に、用意した盥《かめ》の水に「日蓮」の二字が浮かび、日出は感涙に咽《むせ》んだといいます。また、ある時、日出が、鏡澄の本地《ほんじ》（実体）を見ようと目を閉じて念じていると、日蓮聖人が来臨して衆生《しゅじょう》を教化する姿がみえました。そこで、本覚寺を譲り、これより「日朝」と命名されることになったといわれています。

日朝は、十二、三歳の時に、比叡山に遊学していたと伝えられています。諸学匠と論議してあまりに優秀であったので同僚から嫉《ねた》まれ、仲間に殴られて筵《むしろ》で体を簀巻《すま》きにされ、谷底に投げ落とされたといいます。しかし、不思議なるか、神仏の御加護を得たのか、事無きを得て帰郷したという逸話があります。この真偽はわかりませんが、日朝が研学の僧であったことを裏付ける話といえましょう（その研学ぶりは、現在、身延文庫に、日朝の自筆著書・所持本・写本といった典籍類**【下写真参照】**が、約五百冊収められているということからも窺《うかが》えます）。

身延山の宝蔵（身延文庫）に残されている史料によると、十九歳の折、永享十二年（一四四〇）から二、三年間天台宗の仙波談林（埼玉県川越市）に在学していたことが記されています。全国の学問の道場を歩き、天台学を極めようと学問に勤しんでいました。

こうした中、学問研鑽を続け、日蓮聖人の教

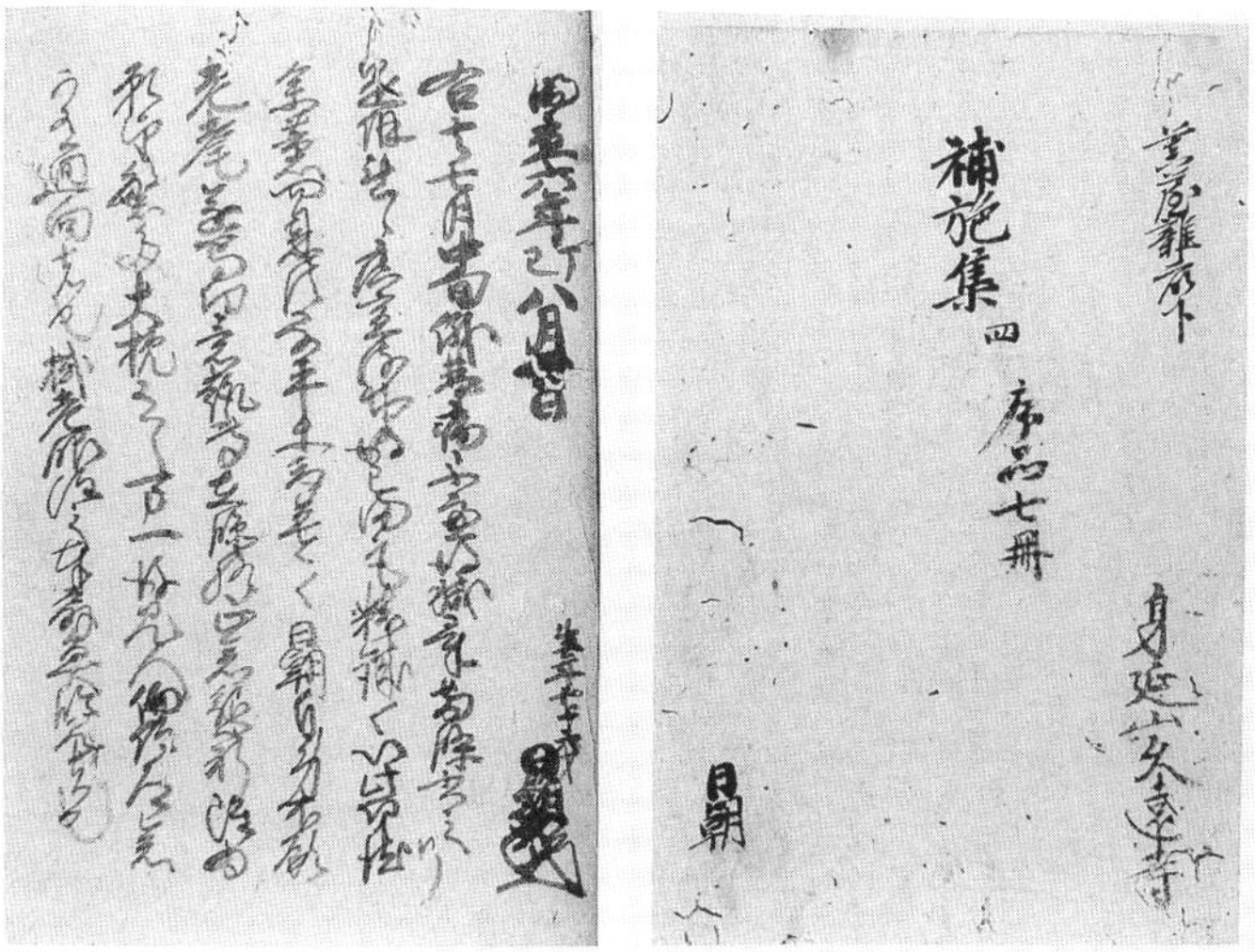

日朝真筆典籍（『補施集』）
（身延文庫蔵）

えを弘めるべく、各地で布教を行っています。ある時鎌倉に赴き、市内の夷堂《えびすどう》に四十日間滞在し、ここを拠点に布教活動を続けていました。

この道場にて、鎌倉に住む人々に日蓮聖人の舎利《しゃり》（遺骨）を礼拝してもらいたいと考え、身延山に収められている日蓮聖人の御遺骨を分骨しました。よって、この寺院は、「東身延《ひがしみのぶ》」といわれ、東国における身延山信仰の拠点となっています。

日朝の功績

身延山内の僧侶が、日朝のことをどのようにみて、その功績を讃えていたのかを眺めてみると、次のことがあげられます。

1、身延山の諸堂宇を整備し、拡大した。
2、身延山の年中行事・月行事やこれらの法則を定めて、制度を確立した。
3、門前町の区画割をした。
4、日蓮宗の教学を体系的に整え、子弟を教育した。
5、日蓮聖人の御書を書写し、注釈書を著した。

身延山大学の室住一妙氏は、日朝の功績について、一に信行制度の確立、二に教学の総合研究、三に本院の移転事業、四に祖書の収集謹写と注釈の聖業、と四つにまとめています。いずれにせよ、現在の位置に身延山を移したことだけをとっても、偉大なことです。

僧侶としては、身延山の諸堂の整備はさることながら、霊宝目録の作成、月行事、年中行事の制定、舞楽《ぶがく》の復興、諸法則《ほっそく》の制定、支院末寺の奉仕制度など多くの業績があげられます。これが「身延山中興《ちゅうこう》の師」といわれえる所以《ゆえん》です。多くの著作や注釈書を残し、日蓮教学に精通した学者であったことは、忘れてはならないことです。こうした人並みはずれた才能をもった日朝に対する崇敬の念が、次第に学業成就の信仰につながっていきました。そして、自らの眼病克服にみられるように、人々の日朝に対する眼病守護の信仰があり、これらが相俟って日朝滅後間もなく神格化され、守護神として礼拝されるようになったわけです。

日朝は一方、一代にわたって、祈祷《きとう》に関する相伝《そうでん》・口決《くけつ》を蒐集《しゅうしゅう》しています。宮崎英修氏の『日蓮宗の祈祷法』によれば、日朝は、「祈祷経口決」「最秘護符《さいひごふ》」「大黒《だいこく》相伝」「別本首題剣形《べっぽんしゅだいけんぎょう》相伝」「鬼子母神《きしもじん》相伝」といった資料を編集しています。「祈祷経口決」は、祈祷経の注釈書です。「大黒相伝」は大黒天についての祈祷相伝、「鬼子母神相伝」は鬼子母神についての祈祷相伝です。

これらの祈祷相伝は、久遠寺の後職の十二世日意《にちい》、十三世日伝《にちでん》に受け継がれていきました。

●眼病守護の信仰

日朝が晩年に眼を患った折りに、自ら法華経への祈願によって治癒させました。この霊験《れいけん》が、眼病平癒の守護神として、宗派を問わず、多くの人々に信仰されているわけです。現に全国各地の上人ゆかりの地や信仰熱心な地域には、境内に「日朝堂」が建立され、日朝像を祀っている寺院がたくさんあります。このことからも、日朝の偉大さがわかります。

年中行事の中では、六月二十五日の祥月命日や毎月二十五日の月命日が縁日として祈願がなされます。各地のゆかりの寺院では、特別祈祷が修され、地域の人々が題目講中を組織し、信行活動を行っています。江戸の年中行事を記した『東都歳事記《とうとさいじき》』には、毎月二十五日に麻布大長寺（現在府中市に移転）の日朝像の開帳《かいちょう》があり、江戸の各地に住む人々がはるばる参拝したことが記されています。身延山の江戸出開帳《でがいちょう》でも、日蓮聖人像とともに眼病護符・眼洗《めあらい》護符や学業成就の御守が開帳寺院に並べられ、江戸の人々に求められています。現在も眼洗護符はありますが、「日朝さんの目薬」（現在は「朝光水《ちょうこうすい》」という名前）のほうが有名です。

身延山内の覚林坊に安置する日朝像について、『身延山諸堂記』（身延文庫蔵）には、

一、朝師堂　四間　　宝永元甲申十一月廿五日

二間半　省師棟札

朝師木像者五十八歳之絵像之御影ヲ奉写シ、明応第四乙卯五月日作者備中法眼一条烏丸願主日恒・浄蓮坊日源ト御像ニ有之、明応四年乙卯者御存生七十四歳之御時也、明応九庚申六月廿五日、七十九歳遷化也、東谷覚林房朝師開基隠居入滅地故、三十二世日省師代十七世玄理院日儀在住之節、勧化建立之祈眼病有霊験、諸国聞之信敬日篤

とあるように、日朝入寂の霊場である身延山内覚林坊《かくりんぼう》の朝師堂《ちょうしどう》に、七十四才の時の像が祀られていたことが記されています。これは江戸時代中期、身延山三十二世日省代で、この頃には眼病平癒の守護神として、全国的に信仰を集めていたことがわかります。

日朝像の開帳

「出開帳《でがいちょう》」（身延山のような霊場から、江戸などの遠方の地へ、霊験ある仏像などを持ち出して開帳すること）における日朝信仰の様子をみてみましょう。

身延山久遠寺は、江戸時代に何度か江戸に祖師像を出開帳しています。その折に身延山の代表的な霊宝や霊仏も江戸に持ち出され、披露されました。そこで、文久三年（一八六三）の開帳記録より、その年に出された霊仏の縁起をみると、

日朝上人霊像並御本尊
是ナルハ当山十一代眼病御守護行学院日朝大上人ノ霊像並日朝上人御認ノ御本尊也、夫レ人ノ身ノ六根イツレモ大節ナレトモ殊ニ眼第一ノ肝要也、日朝上人一千日ノ間法華経誦セ玉誓ヒテ立テテ曰ク、若シ末代眼病ニテ身心共ニ悩ム者アラハ、我ヲ祈リ日々題目ヲ唱ヘ南無身延十一代行学院日朝上人ト吾名ヲ称セハ、我必ス守護シテ眼病平癒ヲ得セシメ、尚ヲ将来ニハ仏知見ヲ開カシメント二世ノ誓願ヲ立サセ玉フ霊像ナレハ、生前値遇ノ思ヒヲナシテ信心ニ御拝アラセマス

と、日朝が一千日間、法華経読誦《どくじゅ》を行った功徳によって眼病が平癒したことが強調されています。そして、眼病に悩む人は、題目を唱え、「南無行学院日朝上人《なむぎょうがくいんにっちょうしょうにん》」と唱えれば功徳があることが力説されています。

松葉谷《まつばがやつ》妙法寺（神奈川県鎌倉市）の場合をみると、寛政十二年（一八〇〇）、文政四年（一八二一）、天保七年（一八三六）、嘉永七年（一八五四）と江戸時代に四回江戸に出開帳を行っています。その折に、日朝の仏像一体と自筆の曼荼羅本尊《まんだらほんぞん》一幅も寛政十二年を除く三回出され、江戸の人々に礼拝されています。

江戸城大奥女性も、身延山祖師像が深川浄心寺（江東区）にて出開帳した折りに出掛けました。

出開帳が終えると祖師像は、江戸城に御上りになり、江戸城大奥内で大奥女性に礼拝されていま す。大奥には、身延山の縁起や祖師御影・七面宮《しちめんぐう》御影とともに、御守や護符が出されています。

この中に、「朝師《ちょうし》眼洗《めあらい》護符《ごふ》」というものが、文政十三年（一八三〇）、安政四年（一八五七）、文久三年（一八六三）にそれぞれ三百個ずつ用意されました。実際にどれだけ求められたかということをみると、安政四年の場合で、眼洗護符が九月十七日に二百個、同二十七日に百個、十月十六日に百個、同十七日に二百個、二十七日に百個と合計七百個が求められたことが開帳記録よりわかります。深く史料を読み込むと「御土虫切《おつちむしきり》御符、眼洗い御符沢山お廻《まわ》し成され候《そうろう》」とあり、たくさん用意してもらうよう大奥女性が希望していることを知り得ます。

この出開帳は、江戸城だけではなく、徳川御三卿の田安家の御殿にも上っています。そこでも同じように御殿に住む女中により眼洗護符類や他の護符類が多く求められています。その数をみると、消毒護符に次いで二番目に求められ、かなりのご利益があると考えられていたことが推察されます。

また、開帳時に日朝の曼荼羅本尊や日朝像が同時に出されていることは、日朝に対する信仰のあらわれです。こうした開帳時における日朝に対する信仰は、江戸時代後期の現世利益《げんぜりやく》の風潮と相俟って高揚していったようです。

日朝遠忌の信仰

日蓮聖人に百年ごとの遠忌《おんき》があるように、六老僧や日蓮教団の先師、法縁の縁祖といった偉大なる功績を果たした僧侶の遠忌が各寺院で営まれます。日朝も身延山中興の師として多くの功績を残した先師であり、上人を讃える忌日、すなわち五十年・百年ごとの遠忌が営まれています。

そこで、過去の遠忌に相当する年代を一覧してみると、次のようになります。

百遠忌	慶長四年（一五九九）
百五十遠忌	慶安二年（一六四九）
二百遠忌	元禄十二年（一六九九）
二百五十遠忌	寛延二年（一七四九）
三百遠忌	寛政十一年（一七九九）
三百五十遠忌	嘉永二年（一八四九）
四百遠忌	明治三十二年（一八九九）
四百五十遠忌	昭和二十四年（一九四九）
五百遠忌	平成十一年（一九九九）

これによると、最近では平成十一年に日朝の五百遠忌を迎えたことになります。寺院における日朝遠忌の記録を資料面から辿ってみると、身延山内の覚林坊では、寛政十一年四月に日朝の三百遠忌を修していた記録があります。

また、浅草の経王寺では、境内に題目塔が建立されており、その銘文をみると、

〈正　面〉 南無妙法蓮華経　長興長栄

六十八世

日亀　（花押）

〈右側面〉 日朝大上人四百遠忌報恩塔

〈左側面〉 明治三十弍年己亥長昌山廿八世日猷代建之

とあるように、四百遠忌の時に建立された日朝に対する報恩のための題目塔であることがわかります。これは、現在、経王寺の入口に建っており、聖域と俗界との結界の役目を果たしています。そして、浅草は、寺院の多い地域であり、日朝が祀られる経王寺の存在を知らせる上で目印となっています。

この遠忌法要は百年ごとに限らず、五十年ごとにも行われていたようです。身延覚林坊には、嘉永二年（一八四九）の三百五十遠忌の折に配られた「祈願札」が伝えられています。観応院

三百五十遠忌で配られた「祈願札」の文言

南無日朝大上人　　嘉永二酉年
奉漸読妙経一千部成就之攸
三百五十遠忌報恩
観応院日運
敬白

日運という僧が配ったもので、上の図のような文言が書いてあります【上図参照】。この折りに、朝師堂屋根の葺き替え事業を行っている記録があります。『身延山史』には「嘉永二年（一八四九）六月十七日、三百五十遠忌報恩法会・千部会挙行す／昭和二十四年　身延山日朝四百五十遠忌久遠寺で奉行す《ぶぎょう》」とあり、身延山でも嘉永二年に三百五十遠忌、昭和二十四年に四百五十遠忌をそれぞれ奉行していたことがわかります。

●木版刷御影の礼拝

身延山内覚林坊内の日朝廟所《びょうしょ》に奉安される日朝像は、木版刷御影《もくはんずりみえい》【次頁上写真参照】が多く作成され、各地で配布されました。池上本門寺日朝堂でも、堂宇に奉安されている日朝の木版刷りの御影が作成されています。

遠方の信徒は、身延や池上にたびたびは参詣できないため、版刷りの御影を買い求め、それを家に帰って表具《ひょうぐ》し、仏壇の脇や床の間に掲げて日常礼拝したものと思われます。

目薬の信仰

身延山内覚林坊の日朝堂において、現在も百日の荒行を成満した修法師《しゅほっし》による加持《かじ》祈祷が随時行われています。そこでの祈願内容を聞くと、最も多い祈願はやはり眼病平癒【左写真参照】で、次に学業成就・家内安全といった祈願が続くようです。御札・御守類の中で最も求められるのは、「朝光水《ちょうこうすい》」という名前の目薬ということです。ここでいただく目薬は医薬品

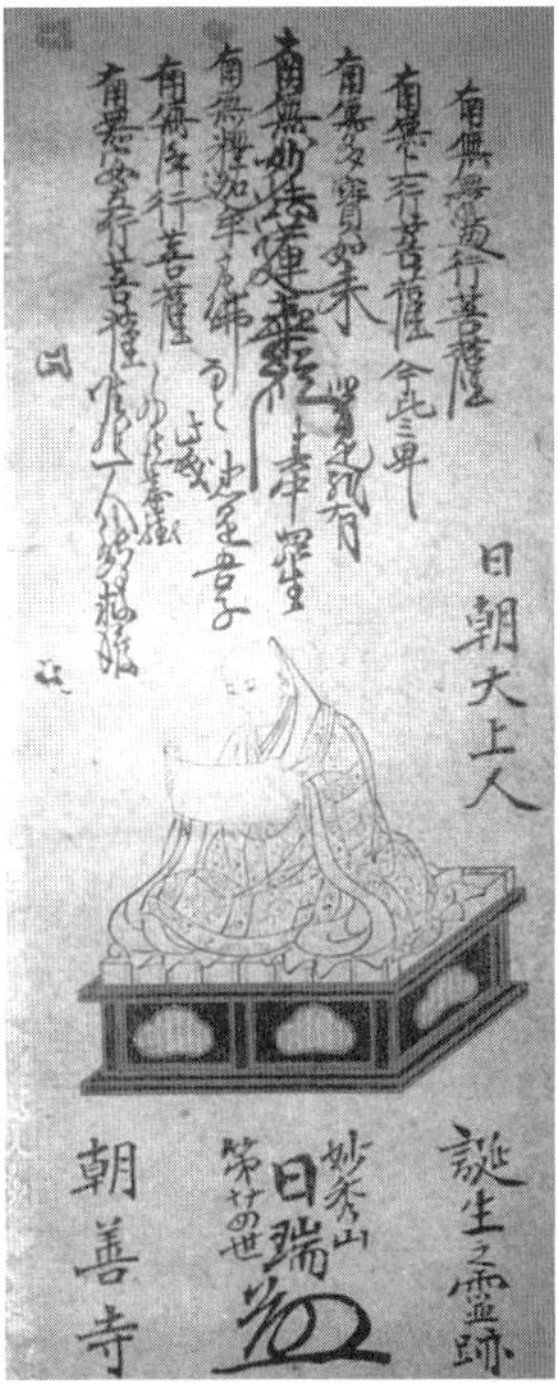

日朝の木版刷御影（著者蔵）

日朝への眼病平癒祈願の絵馬「め」
（身延山内覚林坊蔵）

であり、市販の目薬と違い、法力が備わっており、求める人の信心が加わって御利益があると信仰されています。何年も使用している信者の方からその効能を窺ってみると、お経があがった目薬を使用していると目がすっきりするため、市販されている一般の目薬は使用しないそうです。なお、この目薬は容易に手に入らないため、使用している人々は、身延山に参拝した折に日朝堂に参詣し、ここでまとめて求めるわけです（現在は郵送方法もあります）。

●日朝の祭礼

日朝が遷化《せんげ》した月日は、六月二十五日となっており、全国各地で祭礼が行なわれています。名古屋日行寺では日朝大祭として、毎年一月二十五日と六月二十五日に行っており、「桜町の日朝さま」と呼ばれ、信仰されています。池上本門寺日朝堂では、大祭が毎年七月二十五日、例祭が毎月二十五日で月遅れの行事となっています。

また、浅草経王寺では、毎月二十五日に信行会を行っています。その折に、施餓鬼《せがき》法要と祈祷会が厳修されています。近年も、日朝堂入り口の幕が「日朝上人信行会」という名称で奉納され、宗派を問わない信徒の寄進による法華信仰の証しを確認することができます。

吉良家と法華信仰

赤穂浪士の事件

毎年、師走《しわす》になると、赤穂浪士《あこうろうし》討ち入り事件、いわゆる『忠臣蔵《ちゅうしんぐら》』をテレビやラジオでよく耳にするようになり、世間を賑《にぎ》わします。

これは、元禄十四年（一七〇一）三月十四日、江戸幕府の勅使御馳走役《ちょくしごちそう》であった浅野内匠頭長矩《あさのたくみのかみながのり》と、高家であった吉良上野介義央《きらこうずけのすけよしなか》の江戸城「松の廊下」における事件に端を発します。この殿中で、浅野内匠頭は吉良上野介に斬りつけて刀傷を負わせたため、内匠頭は即日切腹を命ぜられます。

主君を失い、不公平な裁定を遺恨と思った家臣の大石内蔵之助良雄《おおいしくらのすけよしたか》ら四十七士は、主君の仇討《あだう》ちのため本所松坂町《ほんじょまつざかちょう》吉良邸に討ち入りの計画を企てます。これは当時の武士道における君臣のあるべき姿として語り継がれ、江戸時代から三百年を経た現代まで「忠孝に生きた義士」として讃えられているわけです。浅野内匠頭をはじめ、この仇討ちにより切腹となった赤穂浪士の墓所がある東京高輪《たかなわ》の泉岳寺では、討ち入りの日である十二月十四日の頃になると供養の人々による線香の煙が絶えないといいます。

この一連の出来事を、ここでは吉良家の立場から眺めてみましょう。

義央《よしなか》という人物は、吉良家十七代当主で、江戸幕府の高家《こうけ》としての重職をつとめ、知行地《ちぎょうち》（領地）の三河国《みかわのくに》（愛知県吉良地方）にあっては、名君であったといわれています。この高家は、京都の朝廷との折衝役であり、儀典係・儀礼官といった格式のある役職です。

事件の後に義央の遺骸は、牛込万昌院（現在は中野昭和通り）に葬られました。知行地における吉良家の菩提寺は臨済宗妙心寺派華蔵寺であり、奥方の富子夫人の出所である上杉家も同じ宗

吉良邸跡（東京都本所松坂）

派です。にもかかわらず、夫人の眼病平癒の御利益のお陰で、夫婦で法華信仰に入信するようになったわけです。これは、富子夫人の側役を勤めていた池上の僧・山田宗偏《やまだしゅうへん》の存在があったからともいわれています。宗偏は、茶人として上杉家に出入りしており、この僧との出会いによって法華信仰に関心を持つようになったといいます。

義央は、江戸の鍛冶橋に住んでいましたが、火災により住居を失いました。高家を辞めてからは、呉服橋から本所松坂の近藤登之助の屋敷に移りました。吉良家は、赤穂浪士の事件以降領地没収、義央の後嗣・義周は信濃へ配流となっています。

現在、本所には吉良邸跡があり、事件の名残を留めています【前頁写真参照】。

身延山とのつながり

義央と交流のあった人物に、日脱《にちだつ》という僧侶がいます。日脱は、延宝七年（一六七九）年に身延山三十一世の法灯を継承した僧で、後の三十二世日省《にっせい》、三十三世日亨《にちこう》とともに身延山中興の祖として仰がれています。

義央と日脱との関係は、日脱が京都本山立本寺の貫首であった時代に遡《さかのぼ》るといわれています。当時、田舎本山であった身延山は、総本山としての地位を築く必要がありました。そこで、日脱

身延山久遠寺の寺紋「近衛牡牡丹」

が身延久遠寺に晋山するにあたり、一宗派の総本山としての権威を示すために京都の朝廷に参内を行いました。その時、義央は、その折衝役をつとめています。これは、義央が江戸幕府の高家であったという役柄だからできることであり、朝廷の重職についている人物を多く知っていたからだと推測できます。

また、参内の折りに使用する用具一式に付ける紋章が必要となりました。久遠寺は、公家であった近衛《このえ》家の猶子格となったことにより、近衛家の定紋である芙蓉牡丹《ふようぼたん》の紋章を使用することができました。これもやはり義央の仲介があったからでしょう。

なお、芙蓉牡丹紋は、通称「近衛牡丹紋」**【右写真参照】**ともいい、久遠寺の寺紋として現在も使われています。

義央夫妻と七面大明神

義央は、出羽米沢藩第二代藩主上杉定勝の娘三姫（富子）と結婚し、一男三女をもうけています。この内の次女阿久利《あぐり》は、津軽家に嫁ぎましたが、病により若くして没しています。

この不幸が尾を引いて、吉良家では、夫人・富子が眼病を患って重病となり、薬をもっても治らない状態となりました。ある夜に霊夢で、童子が枕もとに立ち「この病気は医薬の及ぶところではない。これを治すなら、甲斐の国身延山の七面大明神《しちめんだいみょうじん》に祈願しなさい」とお告げがあったといいます。この童子は、七面大明神の使いであったのでしょうか。

このことを夫人から聞いた義央は、直ちに夫人を連れ立って身延山に登詣し、滝で身を清めてから七面堂に篭り、精進潔斎の一七日間を過ごしました。

「この病気が平癒すれば、生涯の守り本

吉良上野介義央の守護本尊であった七面大明神
（吉良町真正寺蔵）

尊として崇拝し、新たに塩田を開いて報謝の志しとします」と誓願したところ、不思議なるか、満願の日に夫人の重い眼病が治ってしまいました。この功徳により、元禄三年から吉良地域に新田を開発し、同十年には百町歩の新田ができました。これは、富好新田と名付けられ、『吉良町史』には、「富子夫人の好みゆえ、これを富好新田と称した」と記されています。

そして、この誓願の実践として日脱から七面大明神の尊像を開眼してもらい、小山田村の七面堂に奉納しました。この七面堂は、後に青鳥山に遷され、明治八年には富好新田に遷座されました。現在は、真正寺（愛知県幡豆郡吉良町）に格護されています**【前頁写真参照】**。この七面大明神像の扉の銘をみると、「従四位上左近衛権少将吉良氏上野介源義央朝臣守護本尊也」と墨書されており、元禄十一年（一六九八）九月九日に日脱から授与された尊像であることがわかります。この尊像は、吉良家と日脱との信仰的なつながりを裏付ける貴重な資料であるため、現在、吉良町指定文化財となっています。

なお、この地域一帯は過去に何度か風水害に襲われましたが、七面大明神鎮座の地だけは災害を免れています。これは、七面大明神のご守護があったからとして、地元の人々に広く信仰されるようになり、現在も宗派を問わず地域の守護神として崇拝されています。

大奥女中と法華信仰

●寺院への代参行動

江戸時代に生きた人々が仏教に求めていたものは、葬祭と除災招福《じょさいしょうふく》といわれています。将軍家に仕える江戸城大奥女中は、歴代将軍の供養や現将軍の無事を祈ることが、大切な務めでした。江戸幕府としても、徳川家の菩提寺である芝増上寺、上野寛永寺などにおいて歴代将軍の追善供養を営んでいました。『徳川実紀』をみると、江戸城大奥女中の代参《だいさん》記録がみえることから、菩提寺への代参は、大奥においても公式行事となっていたわけです。

歴代将軍の霊廟には別当寺があり、江戸城大奥内に住む女性は、御台所《みだいどころ》の代わりに参詣するといった信仰行動をとっていました。いわゆる「代参」という信仰形態であり、風紀の厳しい大奥の世界において、神仏祈願のための外出は、比較的容易に許可されました。よって、これを口実に城外に出るものも少なくありませんでした。代参の役目は御年寄《おとしより》と決まっており、外出時の行列は、表使《おもてづかい》を筆頭に御使番《おつかいばん》、局《つぼね》各一名、多門《たもん》という又者《またもの》の女性二名、駕籠《かご》かきの陸尺《ろくしゃく》、供方《ともかた》五人、添番《そえばん》一人、伊賀者《いがもの》一人というのが普通でした。代参の帰りには、芝居見物ということが恒例になっていたため、神仏詣とは名のみで、外出の名目となっている場合が多々ありました。よって、代参にまつわる事件も多く、十代家治《いえはる》代に表使の大奥女中と霊廟別当寺の僧侶が心中するという珍事や、他にも寺院を舞台にした事件が後を絶たなかったといいます。

物見遊山《ものみゆさん》を伴う代参が目につく中で、すべての代参行動が信仰と無縁であったわけではありません。それは、江戸市域の寺院に、江戸城大奥女中が寄進した仏像や荘厳具《しょうごんぐ》といったものが存在するからです。谷中《やなか》地域には、関係資料が多く、例えば延命院（荒川区日暮里）の七面大明神《しちめんだいみょうじん》は、慶安年間に四代将軍家綱の乳母・三沢局が夢のお告げで勧進した仏像といわれています。

十一代将軍家斉《いえなり》の時代は、側室お美代の方が勢力を振るっていたようです。江戸の鼠山《ねずみやま》に感応寺《かんのうじ》（豊島区目白、現在は廃寺）が建立され、ここに大奥女中が代参しています。祈願内容は主に将軍家の安泰でしたが、参詣した大奥女中に中には自らの祈願を行っている者もありました。家斉没後には、西丸女中四人、御客会釈《おきゃくあしらい》生駒《いこま》・中臈《ちゅうろう》おとや・中臈おるせ・御切手《おきって》おくのが感応寺で剃髪したという記事がみられます。つまり大奥内では、将軍が逝去すると、落飾して仏門に入るといった入信形態がみられたということです。

江戸城大奥における年中行事の中から目立った信仰行事を取り上げてみると、二月（初午《はつうま》）に庭の築山にある稲荷に参詣、二月十五日（釈尊の涅槃《ねはん》日）に御目見得以上の女中に御籤《みくじ》を配る、四月八日（灌仏会《かんぶつえ》）に牛込宗柏寺《そうはくじ》（新宿区）の釈迦像を礼拝する、盆三日に仏間にて魂祀りを行う、七月十日の夜、御火の番の詰め所に伝来する観世音菩薩を祀る、十月一日御膳所《おぜんどころ》に荒神《こうじん》を祀る、同二日寛永寺開山忌に代参する、といったものでした。

神仏の江戸城御上り

江戸城に伝わる絵図面をみると、大奥内に御仏間があり、将軍家の歴代位牌が祀られていたことがわかります。ここで大奥女中は、将軍家の先祖菩提や将軍家の安泰を祈っていました。それでは、注目される礼拝の形態があるので紹介してみましょう。

江戸時代後期に、はるばる身延山の祖師像や守護神像が深川浄心寺（江東区平野）に持ち出されて何度か礼拝（出開帳《でがいちょう》）されました。すると、江戸の法華信者は、浄心寺に押し寄せました。その折に祈願依頼を記した書状がありますが、ここには、江戸城大奥女中の名前が登場します。特に、七面大明神や鬼子母神《きしもじん》に対する信仰が顕著でした。その折に作成された鬼子母神縁起をみると「お万の方の懐妊の砌《みぎり》、身延山二十二世日遠《にちおん》が安産の祈祷を行い、紀州頼宣《よりのぶ》、水戸頼房《よりふさ》の二公の男子を出産し、その効験から子安《こやす》鬼子母神として女性の信仰を得た」という霊験が記されています。七面大明神に関しても、初代将軍家康側室のお万の方が、女人禁制であった七面山に初めて踏み分けたことに端を発する内容です。すなわち、歴代の大奥女中とのつながりが大奥女性の信仰を得る上で宣伝材料となっているわけです。

浄心寺における出開帳が終わると霊仏・霊宝は、身延山に戻ることになり、祖師像は、「大奥御上《おのぼ》り」となります。これは、文政十三年（一八三〇）の出開帳記録に「御内々にて上ケ候」とあるように、宣伝や触書《ふれがき》が出るわけではありませんでした。しかし、身延山の霊宝の入った長持二棹とともに十日間も大奥に上っており、この折りに御守や護符《ごふ》類が用意されました。特に、消毒護符、虫切《むしきり》護符、眼洗《めあらい》護符、災難除《さいなんよけ》御守といった現世利益《げんぜりやく》の内容を示すものが、御使番の女中に数多く求められています。その中には、礼拝の対象となる祖師や七面大明神の木像・画像もありました。注目されるものとしては、七面山の御土があり、これは護符として服用されていたのでしょうか。

いずれにしても、これらの現象は、集団社会に生きる女性の個人祈願のあらわれとみてよいでしょう。

●江戸城大奥祈祷所の存在

将軍家においては、将軍の継承者が生まれることが御家安泰《おいえあんたい》のためにも重要なことでした。これは、大名家や旗本でも同じです。特に、江戸城大奥のように大勢の側室がいる場合、世嗣《よつぎ》に結びつくための男子懐妊は大事なことで、必死で神仏に祈りを捧げた大奥女中も多いと聞きます。世嗣に決まると、その生母は「お腹《はら》さま」と呼ばれ、大奥内における出世・昇進につながったわけです。

江戸における将軍家の祈願寺として代表的な寺院は寛永寺です。この寺以外にも歴代の御台所は、帰依する寺院に祈祷を依頼し、代参を遣わしている例がみられます。江戸向島の秋葉神社（墨田区）、品川海安寺（品川区）、下谷正燈寺（台東区）、高田亮朝院（新宿区）、下谷法養寺（台東区から大田区池上に移転）は、

智泉院（千葉県市川市）

世嗣出生の祈願所として有名で、江戸城大奥女中を始め、諸大名の大奥からも信仰されていました。他にも江戸城大奥祈祷所と称する寺院は、江戸各所にみられますが、この肩書きが大奥より拝命されたか、定かではありません。将軍家や大奥とのつながりがある寺院では、宣伝材料として好都合なため、一方的に名乗っているものがほとんどでした。中山法華経寺（千葉県市川市）塔頭《たっちゅう》である智泉院《ちせんいん》**【前頁写真参照】**は、独特の加持《かじ》祈祷で信仰を得ている寺院でした。本寺が祈願所ということで、「両《りょう》御《ご》丸《まる》御《ご》祈祷《きとう》御《ご》法用《ほうよう》取扱《とりあつかい》所《じょ》」と名乗っていました。

高田亮朝院は、四代将軍家綱の武運長久の祈願を担《にな》っていました。そこで、御年寄近江《おうみ》の依頼があって、五世日匡《にちきょう》がわざわざ江戸城に赴いて祈祷を修しています。明暦元年（一六五五）には家綱の疱瘡《ほうそう》の祈祷を行い、平癒したことから、江戸城大奥女中により堂宇が寄進されています。八世日満《にちまん》は、木剣《ぼっけん》による加持祈祷を用いて西丸大奥のはやみという女中の信仰を得て、大奥内に頻繁に出入りするようになりました。宝暦元年（一七五一）には、八代吉宗の病気平癒・息災延《そくさいえん》命《めい》の万巻陀羅尼《まんがんだらに》祈祷を命ぜられるに至っています。

●祈祷所への祈願内容

十一代家斉側室お美代の方に仕えた御年寄滝山《たきやま》は、法華信仰に厚く、当時流行《はや》っていた下谷法養寺の熊谷稲荷《くまがやいなり》の縁起を取り寄せています。初午の祭礼には、祈祷を法養寺に申し込んでおり、その際に表使の岩井、留田が黒塗箱を寄進しています。寺内には祈祷殿があり、八代吉宗が感得した鬼子母神や大黒天が祀られていたこともあってか、御使番の林佐が御上りを願っている史料がみられます。

鬼子母神が子宝成就の信仰があったので信仰されましたが、なぜ、大黒天が大奥で信仰されたのでしょうか。この大黒天は、「和合《わごう》大黒天」と称され、夫婦和合の御利益があることから、流《は》行神《やりがみ》として信仰されていたようです。

法養寺では、正月・五月・九月の祈願月になると加持祈祷が修され、熊谷稲荷の御宝前で祈願された洗米《せんまい》・昆布・干塩などが祈祷札とともに大奥内に届けられました。他にも、祈祷所としての役目として、将軍家の祝儀の登城、将軍宣下・若君誕生・将軍代替における武運長久の祈願、年中行事における将軍家安泰の祈願、祈祷のあがった御札・洗米などの大奥献上、といったものがあり、主に祈祷を通じての結びつきが強かったといえます。こうして、大奥祈祷所として存在した寺院は、大奥女中の加持祈祷のニーズに答えるとともに、女中が周囲に憚《はばか》ることなく参詣できるというメリットもあったのです。

この項では、江戸城大奥女中の信仰の一端を紹介してみました。個々の大奥女中においては、法華信仰のみならず、当然のことながら念仏信仰や禅宗信仰もあったわけです。いずれの仏教信仰にしても、将軍に仕える女性として、将軍家の先祖供養や将軍の安泰を祈ることは、欠かせないことでした。

また、大奥といった特殊な女性社会を生き抜くために、子宝成就・夫婦和合といった現世利益の個人祈願が代参・内拝・御守授与といった信仰行動となって表れたといえます。江戸城周辺には、大奥女中が帰依していた寺院も多く、そこには、個々の女中の現世利益の欲求を満たす神仏が存在していました。

今でも江戸城大奥ゆかりの寺院を訪ね、境内の梵鐘《ぼんしょう》・石造物、堂内の仏像・仏画・荘厳具といったものを眺めてみると、大奥女中の残した信仰の軌跡があり、往時の法華信仰の盛んな姿を垣間みることができます。

不受不施派と法華信仰

●法立・内信

日本の代表的な不受不施僧《ふじゅふせ》として、日奥《にちおう》（一五六五〜一六三〇）がいます【次頁写真参照】。日奥が実践した不受不施の思想は、禁教とされたため、これを受け継ぐ僧侶や信徒は「かくれ不受不施派」として地下に隠れ、弾圧は明治三年（一八七〇）まで続きました。

江戸幕府の法令に、「日蓮宗の内、受不受等の訳等は百姓共の論ずべきにあらず」とあることからわかるように、庶民に信教の自由はありませんでした。

不受不施の僧侶は「法中《ほうちゅう》」「法立《ほうりゅう》」といい、外に受不施を装う者は「内信《ないしん》」と呼んでいます。信徒の中でも、宗門改めの記帳を拒み、不受を信仰する者は「帳外《ちょうがい》」「清者《せいじゃ》」と呼び、内心に信仰を持つ者を「内信」「濁者《じょくしゃ》」と呼んでいます。

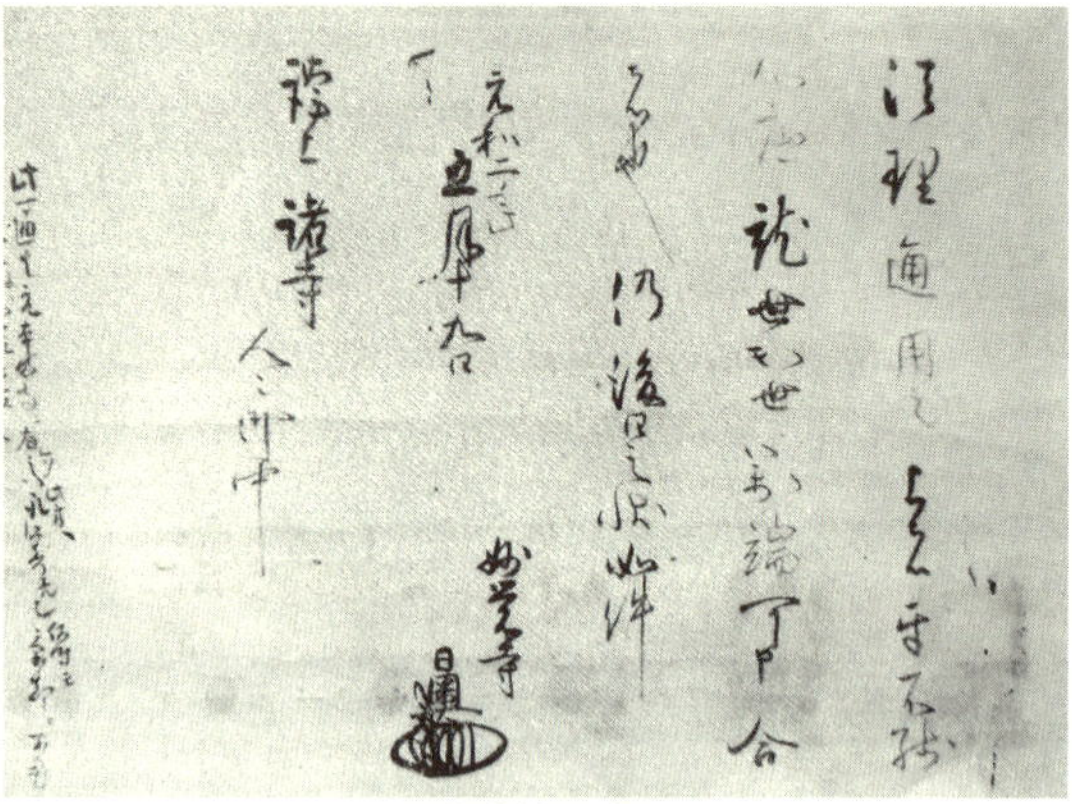

日奥真筆の書状
（身延山久遠寺蔵）

日奥大黒天像

岡山妙覚寺（御津郡御津町）には、俵に乗った僧侶の仏像があります。これは、不受不施の祖といわれる日奥を大黒天に模したもので、左手に経巻、右手に金襴《きんらん》の袋を持っています。つまり、不受不施の弾圧下で編み出した独特の尊像であり、不受不施信徒の人々が日奥を礼拝する一つの信仰形態でした。

日奥は、かつて京都妙覚寺の住持でした。徹底して不受不施を唱え、『宗義制法論』などによって幕府に諫暁《かんぎょう》したため、対馬《つしま》に流されています。身池対論《しんちたいろん》後にも再度対馬に流罪となっていますが、この時既に遷化《せんげ》していることから「死後の流罪」といわれています。

近年、大阪対論の時に剥《は》ぎ取られた日奥の袈裟が、京都妙顕寺から不受不施派に返還されました。この時、不受不施の祖山妙覚寺では、御津町金川駅まで盛大な信徒の行列で出迎えています。

オシモサマ

日忍《にちにん》という不受不施僧は、松山藩の水牢で下半身を腐らせて牢死したことから「オシモサマ」「ニチニンサマ」と呼ばれています。岡山県高梁町にある日忍の供養塔は、花柳《かりゅう》界や地域の人々に信仰されています。

隠れ家

岡山県御津郡御津町の江田家、同和気郡和気町の杉本家、千葉県いすみ市の麻生家などの倉庫や土蔵の二階は不受僧の隠れ家として、その多くは今も顕彰されています。

千葉県香取郡多古町の島地区は、かつて全戸が不受不施派でした。このため、集落の中は、道も生垣《いけがき》も同じ形に作られており、迷路のようになっています。

これも幕府の役人の目をあざむくための方策といわれています。

矢田部六人衆

寛文八年（一六六八）には、岡山県矢田部地域において不受不施を信奉する本久寺日閑《にっかん》と彼に追随した河本仁兵衛・同五兵衛・松田五郎右衛門・河本喜右衛門・花房七太夫の五人とともに柳原（岡山藩の死刑場）で処刑されました。ひどいことに、処刑者の妻子とともに捕らえられ、追放流罪にされています。

この処刑された六人衆を「矢田部六人衆」といい、捕らえられた人の数は二十八人にも及んだといいます。

二十八人のうちの何人かは、千葉県香取市に移住したと伝えられ、現在もその末裔《まつえい》という家があります。千葉に住んでいながら岡山の不受不施僧の曼荼羅《まんだら》を所持していることは、岡山に始まる不受不施の信仰を受け継いでいると考えられます。

こうした不受不施の僧侶や信徒が幾多の苦難や信仰を貫いたのは、法華経の行者としての覚悟と、法華信仰による強い精神力があってのことです。

●福田五人衆

寛文九年（一六六九）には、「福田五人衆」の断食入定《だんじきにゅうじょう》がありました。これは、岡山藩の禁令に憤慨して福田古墳群（津山市）の石室に籠ったもので、ここで五名が生涯を閉じました。後にこの地は「比丘尼塚《びくにづか》」と呼ばれ、顕彰されています。つまり、水を飲むことも道を歩くことも為政者の供養ということになれば、不受派の人々は生きていけなくなります。つまり、断食入定は藩の厳しい弾圧からくる抵抗のかたちでした。

他にも、寛文六年（一六六六）に藩主池田氏が備前三百十三カ寺を破脚し、僧侶五百八十五人を追放したことに不受不施僧は憤慨しています。この折に福昌寺乗仙房は、薪を積んで焼身自殺しており、これも強い信仰の現われといえます。

仁王像の礼拝

悲田《ひでん》不受不施派停止によって天台宗に改宗させられた円融寺は、元・碑文谷法華寺と称していました。ここには、通称「黒仁王《くろにおう》」と呼ばれる三メートル余の仁王像があります。これは江

流人僧の墓
（伊豆七島神津島）

戸期以前と推定される像で、浮世絵・洒落本《しゃれ》・狂歌などにより流行仏《はやり》となっています。

地域にあっては、庶民の願いを成就する力強い仏像として信仰を集めていました。この現世利《げんぜり》益《やく》の信仰に紛《まぎ》れ、不受派信徒の隠れ信仰の場となり、不受不施を信仰する人々の連絡の場になっていたということです。

●流罪者の信仰

元禄四年（一六九一）には、不受不施を主張する僧侶六十八人が伊豆七島に流されました。島に大量の流人が送り込まれると物資が欠乏し、薬や病気が蔓延し、死亡する僧も多かったといいます【前頁写真参照】。

流人と本土との往来の手紙は、役所の検問をうけました。しかしながら、不受不施僧の手紙や諫暁書は、秘密の手段によって江戸に着き、本土からの手紙も島に届いています。これは、不受不施教団の強い信仰組織と巧みな通信法があったからでしょう。

また、流罪僧は、「お島さま」と呼ばれ、不受不施信者から崇拝されています。

身延山参詣者と法華信仰

●日蓮聖人身延入山の道

身延山久遠寺は、日蓮宗の総本山として、季節を問わず全国から多くの参拝者が訪れます。自動車やバスといった交通手段の発達によって現在は、総門の中まで容易に出入りすることができます。車による身延山に入る道筋は、国道五十二号線の甲府方面からか、清水・富士方面からになります。最近は、温泉旅行やレジャーに合わせて神社仏閣を参拝することも多くなり、富士五湖から下部《しもべ》を経て身延に入る道もよく使われるようになりました。

ＪＲ身延線の前身である身延鉄道が開通したのは、大正九年（一九二〇）で、参詣者にとって大変画期的なことでした。しかし、これは富士～身延間で、甲府までの全線が開通したのは、昭和十年（一九三五）のことになります。しかも、身延駅から身延山までの間には急流富士川があ

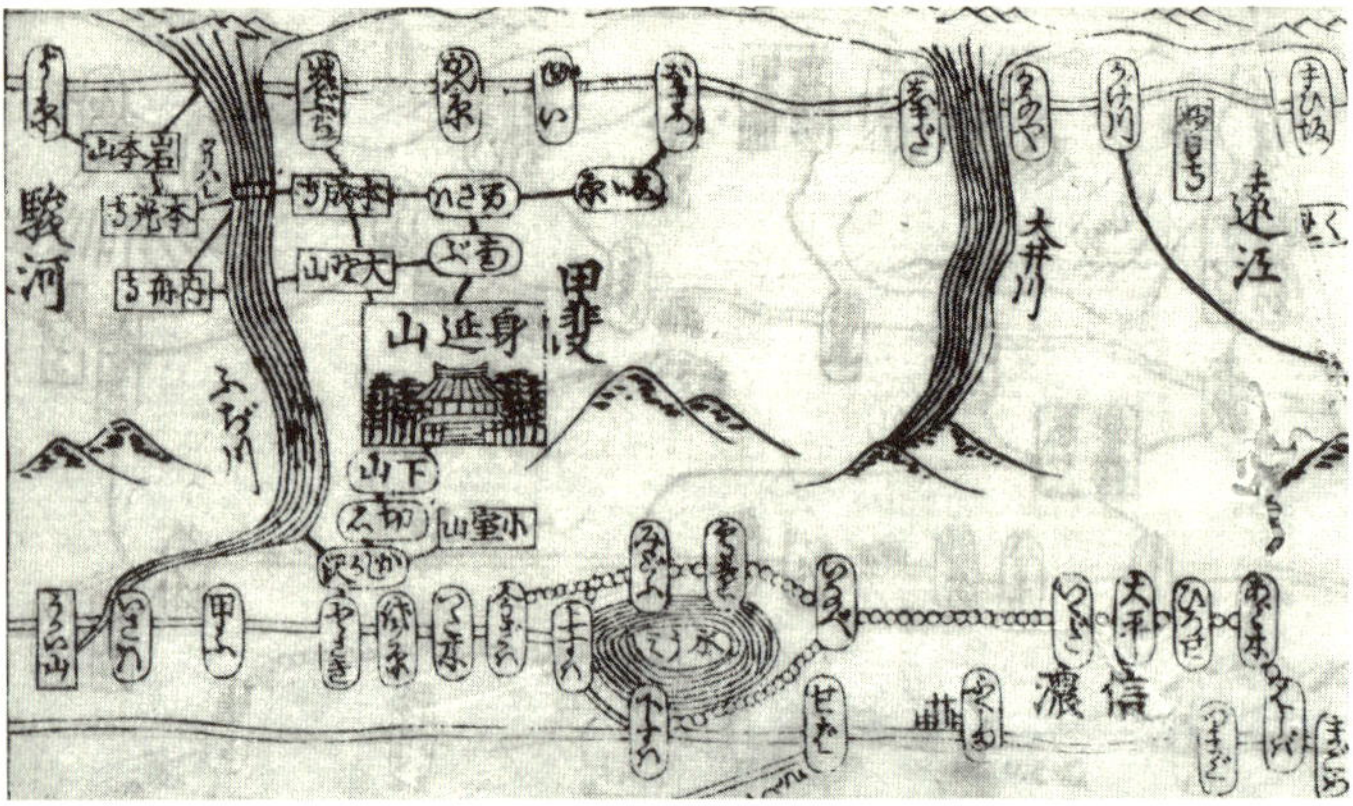

江戸時代の文献『法華諸国霊場記』に掲載されている身延参詣道
（著者蔵）

り、そこに現在のような橋が架けられるまでは、船で渡らなければなりませんでした。

　したがって、自動車や鉄道が普及する前の時代の参詣は、徒歩と船に頼らざるを得ませんでした。そこで、参詣の地図や案内書が必要となるわけです【上写真参照】。

『延獄図経』の一部
（身延山久遠寺蔵）

　身延山には、『延獄図経《えんがくずきょう》』（別名『身延山図経』）【右下写真参照】という表題の参詣絵巻が伝来しています。これは、江戸時代に作成され、木版刷りにより大量に頒布されたものです。何度か改版されてはいますが、身延山に所蔵される図経の始まりは、東海道五十三次の由井宿《ゆいじゅく》・興津《おきつ》宿あたりで、最終は、身延山から七面山となっています。この興津（静岡市）と岩淵《いわぶち》（富士川町）が、東海道から身延山へ至る「身延道」の始まりということになります【左写真参照】。

身延道は、身延山参詣の道であることに関係します。古くは、駿河国《するがのくに》と甲斐国《かいのくに》を結ぶ交易路として発達した街道で、鎌倉時代には、既に開かれていたといわれています。戦国時代になると、駿河侵攻を目指す武田信玄によって整備され、軍用路として重要な道となりました。

現在南からの入り口である興津地区には、身延道の案内板としての大きな題目塔が建立されています。この図経を手がかりに、今から約三百年前の江戸時代にタイムスリップして、身延山参詣のようすを探っ

岩淵身延道道標
（富士川町光栄寺）

てみましょう。

巻物仕立てになった『延嶽図経』をゆっくり開いていくと、宍原《ししはら》、万沢《まんざわ》、南部といった地名がみられます。これらの街道筋の村々を経て、身延山に至るまでの参詣路が描かれています。よく見ると、峠越えの道や杖をついて歩いている人が随所に描かれています。当時の道程が容易ではなかったことを思い起こさせる構図です。途中、内房本成寺《うつぶさほんじょうじ》（芝川町）、万沢本光寺（南部町）、南部妙成寺《みょうじょうじ》（南部町）、本郷法眼寺《ほうげんじ》（南部町・現在は合併して本郷寺）、相又正慶寺《しょうけいじ》（身延町）といった寺院が記されています。そして、これらの寺々に参拝しながら、道すがらにある道標を目印にして歩いていき、身延山の総門に至るわけです。

●身延山参詣と法華信徒

鎌倉時代以降現代まで、身延山参拝や日蓮聖人ゆかりの地の巡拝は行われています。その中でも集団で身延山に参拝した人々を追ってみます。

日蓮聖人滅後、中山法華経寺三世日祐《にちゆう》が日蓮聖人の三十三回忌から毎年の如く檀越《だんのつ》とともに身延山に参詣し、聖人の舎利《しゃり》（遺骨）を拝していたことが古い参詣記録にあります。また、室町時代後期になると備前の法華信徒は、積極的に身延参詣を行っていたようです。しかし、実際にはまだまだ庶民が自由に旅に出ることは不可能で、江戸時代を待たねばなりませんでした。甲斐国の片田舎にあった身延山が、近国の人々や全国の信徒に知られ、参詣者が次第に増えていったのは、江戸時代の半ばを過ぎてからです。これには、参詣案内書や参詣絵図の大量出版による影響が大きく、印刷物を通じた情報によって、霊場身延山が次第に全国的に知られていきます。さらに、身延山を訪れた人々によって書かれた数々の参詣記・紀行文・地誌類等によって紹介されます。浮世絵や歌舞伎にも登場して、聖地としての身延山が如実に表現されています。

こうした出版物による宣伝効果は大きいものがありました。ほかにも時代とともに江戸を中心として盛んになっていく日蓮聖人に対する信仰、すなわち祖師信仰の高揚による影響が大きかったといえます。これにより祖山への参詣者が急増し、全国各地の人々は身延講や七面講といった講を結成して登詣しました。

現在でも、こうした講中が各地に存在し、熱心に信仰活動を続けています。こうして、武士から庶民、そして女性に至るまで、さまざまな階層の法華信者を受け入れることになり、これに伴って身延街道の交通網も発達しました。身延山内においても参詣者の宿泊施設としての宿坊が充実し、現在のような門前町が形成されていったわけです。

江戸時代の巡拝の姿

江戸時代の参詣絵巻などから、身延山参詣の様子を探ってみました。当時の人々の一般的な社寺の参詣希望先として、関西以西の地域からは、京都本願寺・京都本圀寺・甲斐身延山等の本山参詣、伊勢神宮などのほか、信州善光寺参りがよく知られるところで、人気がありました。中でも法華信徒の参拝は、日蓮聖人の霊蹟を中心に巡拝することが多く、いかに当時の信徒の法華信仰が強固であったかが窺われます。また、紀伊家・伊予西条松平家といった大名や江戸講中といった庶民も、やはり堅い法華信仰を持っていたのでしょう。これらの人々は、身延山の御廟所や山内の聖人ゆかりの地に参拝することにより、日蓮聖人の霊性に触れ、自ら罪障消滅と現世安《げんぜあん》穏《のん》を祈念したわけです。

御廟所の付近を参拝してみると、わかることがあります。日蓮聖人滅後、七百余年経た現在でも、聖人の魂に触れることができる、まさに聖域といえます。この霊験《れいけん》あらたかな雰囲気は、そこに参詣することによって初めて体感されるものであり、現在もその霊気はみなぎっています。恐らく社会が変化を遂げたとしても、日蓮聖人の廟所がある身延山の霊気は、永遠に保たれていくことでしょう。

第五章 守護神と加持祈祷

法華信仰の守護神たち

●法華経陀羅尼品・普賢品の守護神

陀羅尼《だらに》とはサンスクリット語のダーラニーの音写で、「咒《しゅ》」のことです。咒は、悪を止め、善を持つ秘密の力を発揮する「神咒《じんしゅ》」を意味しています。

法華経の「陀羅尼品《だらにほん》」では、二人の菩薩（薬王《やくおう》菩薩・勇施《ゆうぜ》菩薩）・二人の天王《てんのう》（毘沙門《びしゃもん》天王・持国天王）・十羅刹女《じゅうらせつにょ》と鬼子母神《きしもじん》が、法華経を説く者、法華経を受持《じゅじ》する者、法華経を修行する者を守護することを誓っています。特に、十羅刹女、鬼子母神とその子などは、「法華経を受持する者を守護しようと誓って咒を説きます。もし、私の神咒に従わないで説法者を悩ます者があれば、その人は頭が七つに割れ、あたかも父母を殺すような罪を得ることになります」と誡《いまし》めています。つまり、陀羅尼品は五番善神（二聖《しょう》・二天・十羅刹女）と鬼子母神といった菩薩や神々が、各々陀羅尼（五番神咒）を唱えて、法華経を弘める人を守護する咒文といえます。

この陀羅尼咒の部分は秘密の力を有するとして翻訳されず、漢訳でも音写のままを伝えているのが特徴です。この咒を早く読誦《どくじゅ》する法華教団の加持《かじ》祈祷は、祈りの一手段であり、その場には独特の雰囲気が醸《かも》し出されています。

◆薬王菩薩《やくおうぼさつ》

陀羅尼品において咒を説く、二人の菩薩のうちの一人です。咒は、

「あに　まに　まねい　ままねい　しれい　しゃりてい　しゃみゃ　しゃび　たい　せんてい　もくてい　もくたび　しゃび　あいしゃび　そうび　しゃび　しゃえい　あしゃえい　あぎに　せんてい　しゃび　だらに　あろきゃばさい　はしゃびしゃに　ねいびてい　あべんたらねいびてい　あたんだはれいしゅだい　うくれい　むくれい　あられい　はられい　しゅぎゃし　あさんまさんび　ぼっだびきりしってい　だるまはりしてい　そうぎゃねくしゃねい　ばしゃばしゃしゅだい　まんたら　まんたらしゃやた　うろた　うろたきょうしゃりゃあしゃら　あしゃやたや　あばろ　あまにゃ　なたや」

◆勇施菩薩《ゆうぜぼさつ》

陀羅尼品において咒を説く、二人の菩薩のうちの一人です。咒は、

「ざれい　まかざれい　うっき　もっき　あれい　あらはてい　ね　れいてい　ねれいたはてい　いち　に　いちに　しちに　ねれいちに　ねりちはち」

◆毘沙門天《びしゃもんてん》【右写真参照】

四天王の一尊であり、北方を守護する神です。多聞天ともいいます。咒は、

「あり　なり　となり　あなろ　なび　くなび」

毘沙門天
（身延山内丈六堂）

◆持国天《じこくてん》

毘沙門天と同様、四天王の一尊であり、東方を守護する神です。咒は、

十羅刹女（左右）と鬼子母神（中央）
（増穂妙善寺蔵）

「あきゃねい　きゃねい　くり　けんだり　せんだり　まとうぎ　じょうぐり　ぶろしゃにあっち」

◆十羅刹女《じゅうらせつにょ》【上写真参照】

陀羅尼品に登場する十の羅刹女（鬼神）で、一を藍婆《らんば》、二を毘藍婆《びらんば》、三を曲歯《こくし》、四を華《け》歯《し》、五を黒歯《こくし》、六を多髪《たほつ》、七を無厭足《むえんぞく》、八を持《じ》瓔珞《ようらく》、九を皐諦《こうたい》、十を奪一切衆生精気《だついっさいしゅじょうしょうけ》と記されています。鬼子母神とともに法華経を修する者を守護すると仏前において誓った法華守護の善神です（咒は後述）。

◆鬼子母神《きしもじん》【上、及び次頁写真参照】

梵名「訶利帝《かりてい》」の意訳。元々インドの邪神で、

鬼形鬼子母神
（稲取成就寺蔵）

人の子を奪い取って食べていました。人々の悲しみを憐れんだ釈尊の教化によって懺悔《さんげ》し、以降は仏弟子となって子授け、安産、子育ての善神となっています。平安時代には密教の隆盛と共に鬼子母神を本尊とする祈祷法が流行し、人々の信仰を集めました。その祈祷の本尊としての像容は、天女像で金色身、頭に瓔珞《ようらく》を冠し、宣台《せんだい》上に坐して右足を下におろし、左の懐中に一児を抱き、右手には吉祥果《きっしょうか》（ざくろの実）を持つ、とされています。日蓮宗では、祈祷本尊として独特な鬼形《きぎょう》鬼子母神が生まれています。

十羅刹女と鬼子母神の咒は、

「いでいび　いでいびん　いでいび　あでいび　いでいび　でいび　でいび　でいび　でいび　ろけい　ろけい　ろけい　ろけい　たけい　たけい　たけい　とけい　とけい」

◆普賢菩薩《ふげんぼさつ》

法華経の「普賢菩薩勧発品《ふげんぼさつかんぼっぽん》」（略して普賢品）では、普賢菩薩が如来滅後に法華経を行ずる者のために陀羅尼を与えて、行者を護ることが説かれています。そして、六牙《ろくげ》の白象《びゃくぞう》に乗って法華行者の前に身を現わすと誓願を立て、咒を説きます。

普賢菩薩の咒は、

「あたんだい　たんだはだい　たんだはてい　たんだくしゃれい　たんだしゅだれい　しゅだれい　しゅだらはち　ぼっだはせんねい　さるばだらに　あばたに　さるばばしゃ　あばたに　しゅあばたに　そうぎゃはびしゃに　そうぎゃねっきゃだに　あそうぎ　そうぎゃはだい　ていれいあだ　そうぎゃとりゃ　あらてい　はらてい　さるばそうぎゃ　さんまぢぎゃらんだい　さるばだるま　しゅはりせってい　さるばさったろだ　きょうしゃりゃ　あとぎゃだい　しんなびき　りだいてい」

●法華経（陀羅尼品・普賢品以外）の守護神

法華行者を諸天善神が必ず守護すると説く法華経には、次に掲げる神々が登場しています。

◆梵天《ぼんてん》と帝釈天《たいしゃくてん》【次頁写真参照】

インドのヴェーダ神話に説かれるヒンズー教の神々で、神々の支配者とされていました。仏教に取り入れられると、梵天と帝釈天は仏法の守護神となっています。法華経「序品《じょほん》」では、一万の眷属《けんぞく》を率いて、その上に立って登場しています。

帝釈天については、東京・柴又題経寺《しばまただいきょうじ》では、日蓮聖人が刻んだと伝えられる帝釈天板本尊《いたほんぞん》を祀り、庚申《こうしん》の日を縁日としています。地域の民間信仰である庚申信仰と結びついて、帝釈天は信仰されていきました。よって、現在の帝釈堂は、境内にある同寺の本堂より大きく、多くの人々が帝釈天に参詣したことがわかります。

◆八大龍王《はちだいりゅうおう》

法華経序品には、難陀《なんだ》龍王、跋難陀《ばつなんだ》龍王、娑伽羅《しゃから》龍王、和脩吉《わしゅきつ》龍王、徳叉迦《とくしゃか》龍王、阿那婆達多《あなばだった》

帝釈天
（著者蔵）

龍王、摩那斯《まなし》龍王、優鉢羅《うはら》龍王の八の龍王があげられ、法華経説法の場に聴衆として参列したことが記されています。天台密教の文献『阿娑縛抄《あさばしょう》』には、水にまつわる祈祷を修する時に八大竜王を勧請《かんじょう》し、供養すべきことが述べられています。

◆三光天子《さんこうてんし》

日天子《にってんし》・月天子《がってんし》・明星天子《みょうじょうてんし》の三天子をいいます。法華経では宝光《ほうこう》天子・名月《みょうがつ》天子・普香《ふこう》天子として登場しており、それぞれ太陽・月・星を表わします。天台大師智顗《ちぎ》の『法華文句《もんぐ》』では、それぞれの本地《ほんじ》（実体）について、宝光天子が観世音《かんぜおん》菩薩、名月天子が大勢至《だいせいし》菩薩、普香天子が虚空蔵《こくうぞう》菩薩とされています。

●法華経に説かれていない守護神

法華経には本来説かれていませんが、法華行者を守護するとして重視される神々があります。次に掲げる神々は、日本古来の神道、インドのヒンズー教、中国の儒教・道教といった宗教から仏教に取り入れられた神々で、広く知られているものです。

◆妙見菩薩《みょうけんぼさつ》【左写真参照】

北辰《ほくしん》菩薩、北辰尊星《そんじょう》ともいい、仏教では妙見菩薩、道教では鎮宅霊符神《ちんたくれいふしん》、神道では国《くに》常《ひ》立尊《たちのみこと》といっています。形像《ぎょうぞう》は多様で、関西で有名な能勢《のせ》妙見尊は、甲冑《かっちゅう》を着て、右手は受太刀《うけたち》、左手は金剛不動の印《いん》を結んでいます。

古来から武士の信仰を集め、眼病守護の菩薩や学問の菩薩として、僧侶の教育機関である檀林《だんりん》に祭祀されました。国土を擁護《ようご》し、災いを除き、幸を得る開運の菩薩として、星祭りの行事が修されています。

◆大黒天《だいこくてん》

梵語の「摩訶迦羅《まかから》」を訳して大黒天と称し、軍神として信仰されました。後に福徳の天神とされ、日本では伝教大師《でんぎょうだいし》最澄《さいちょう》が比叡山に勧請以来、各宗派において祀られるようになりました。

妙見菩薩（静岡市耀海寺蔵）

摩利支天（京都本法寺蔵）

室町時代以降には、福徳をもたらす七福神の一つとして盛んに信仰されています。

◆摩利支天《まりしてん》【上写真参照】

古くは、インド神話の太陽神の一つで、日本に入っては武士の守本尊《まもりほんぞん》として崇拝されました。護身・得財・勝利などを祈る摩利支天法という修法が行われています。姿は、一般的には天女相で、三面六臂《ぴ》・八臂などで猪の上に乗るものもあります（上の写真は軍神の相をしています）。

◆稲荷大明神《いなりだいみょうじん》

稲荷神は、本来神道で祀られる農業神でしたが、人間との交流によって商工業、漁業の守護神になっています。仏教では、稲荷大明神として勧請され、寺院や地域の祠《ほこら》に祀られています。

法華経の守護神として知られている稲荷には、最上《さいじょう》稲荷、願満《がんまん》稲荷、瘡守《かさもり》稲荷、穴守《あなもり》稲荷、熊谷《くまがや》稲荷といった名称のものがあります。その中でも最上稲荷（岡山市高松）は、特に法華信仰と稲荷信仰が深く結びついたものです。「最上位経王大菩薩《さいじょういきょうおうだいぼさつ》」【本書134頁写真参照】と称され、法華経の本仏《ほんぶつ》が法華経の姿をもって現われたといわれています。広島円隆寺（広島市中区）には、「稲荷《とうか》大明神」が祀られています。この稲荷は、読み方を「いなり」と読まず、音読みで「とうか」と呼んでいる珍しい例です。

◆三宝荒神《さんぽうこうじん》

荒神は日本古代の社会において陰陽師《おんみょうじ》などが説いた民間信仰の神で、竈《かまど》の神として台所に祀られてきました。年末に「カマジメ（釜閉め）」を行い、御礼と幣束《へいそく》を毎年取替えて祈祷する地域が多くみられます。

この荒神信仰と普賢品の普賢菩薩信仰が結合して、法華教団では「普賢三宝荒神」と称され、勧請されています。

◆三十番神《さんじゅうばんじん》【次頁写真参照】

三十番神は、日本国中に祀る三十の神々で、一ヵ月三十日の間、毎日、順番に国家と人々を守っています。天台宗では、王法（天皇）と仏法が一致するという理論から、皇室を守護とする神々は即ち法華経を守護する神々という思想がありました。いわゆる神仏融合思想で、平安時代の中頃には既に存在していたようです。この思想はさらに進んで、「如法経《にょほうきょう》」（法華経の写経）守護の神と仰がれるようになります。

法華教団では、法華守護の三十番神として、熱田《あつた》大明神（十日）、諏訪《すわ》大明神（十一日）といった日本各地の神社に祀られる神々を番神として組み入れています。寺院の過去帳には、その日を守護する神名が記され、三十番神を祀った番神堂が建立されている寺院もあります。

三十番神
（著者蔵）

●庶民に信仰された法華経の守護神

全国各地の法華寺院には現在もさまざまな神々が守護神として存在しています。

江戸時代の江戸の寺院では、神々の開扉を行い、地域に住む人々に礼拝されています。『東《とう》都歳事記《とさいじき》』（斉藤月岑《さいとうげっしん》著）には、さまざまな神仏が紹介されています。その中で、代表的な法華経の神々として、鬼子母神・大黒天・帝釈天・毘沙門天・摩利支天・七面大明神・三十番神・清正《せいしょう》公《こう》・七福神などが記されています。

次に掲げる神々は、これらの中でも江戸時代以降に盛んに信仰された法華の守護神です。

七面大明神（深草宝塔寺蔵）

◆七面大明神《しちめんだいみょうじん》【上写真参照】

七面天女ともいい、身延山の代表的な守護神として信仰されています。その本地は鬼子母神や吉祥天とされ、災難除《よ》けとして信仰されたといわれています。

明治初期の廃仏毀釈《はいぶつきしゃく》によって、寺院に安置される神像は、政府に取り上げられたことがあります。七面大明神は、神と名がつくので、没収されるところでしたが、七面天女・七面菩薩と名称を変えたことによって寺院に残されたという逸話があります。

◆清正公《せいしょうこう》【下写真参照】

加藤清正《かとうきよまさ》は、安土桃山時代から江戸時代の武将で、豊臣秀吉に仕えました。母・伊都《いと》の影響もあって小さい頃から法華信仰に目覚めています。領地であった肥後国《ひごのくに》はもとより、西九州の法華教団発展の基礎は、清正によって形成されたといっても過言ではありません。

清正公（身延山大学図書館蔵）

清正没後には、「清正公大神祇《せいしょうこうだいじんぎ》」と奉称し信仰する、いわゆる清正公信仰がみられるようになります。これは清正の仁政、熱烈な法華信仰、加藤家断絶などに対する民衆の報恩讃仰《ほうおんさんごう》、哀惜《あいせき》の念があったからといわれています。廟所《びょうしょ》（浄池廟《じょうち》）がある熊本本妙寺（熊本市）を拠点に、宗派を超えた信仰をあつめています。

◆流行神《はやりがみ》

『東都歳事記』には、流行神として熊谷稲荷（盗難）・人頭《にんず》明神（頭痛）・秋山自雲霊神《しゅうざんじうんれいじん》（痔病）・鷺《さぎ》明神（疱瘡）・瘡守《かさもり》稲荷（腫れ物）といった神々が登場していますが、これらは法華信仰と深い関係のある神々です。

――以上、法華信仰のさまざまな守護神をみてきました。

現代社会では、地域の民間信仰と融合し、天神、地神、稲荷神その他さまざまな神々が法華経の護法神《ごほうしん》として姿を変え、勧請されています。神々の縁日には、「千巻陀羅尼《せんがんだらに》」といった法華経陀羅尼品の咒陀羅《しゅだら》や普賢菩薩勧発品の普賢咒が読誦され、独自の加持祈祷が修されています。

これらの法華経の神々を安置する寺院の境内では、法華経の神々に現世利益《げんぜりやく》の祈りを捧げる人々の姿が今もみられます。開扉《かいひ》された神々の前では、祈願者と神仏が結縁《けちえん》され、そこに法華経の救いの世界をみることができます。

加持祈祷と荒行

●日蓮宗の祈祷法

鎌倉時代に日蓮聖人が初めて題目（＝南無妙法蓮華経）を唱えて開宗し、現在に至るまで、七百五十年余の歴史があります。

日蓮宗の祈祷は、既に開祖・日蓮聖人より始まっていますが、教化《きょうけ》の一助として時に応じ、信徒への病気平癒祈願、護符《ごふ》・御守《おまもり》授与、厄除《やくよ》けを行ったことが、ご遺文に記されています。日蓮聖人滅後に成立した祈祷相伝《そうでん》書には、怨敵《おんてき》・魔障《ましょう》の退散に関する記載があり、積極的に行う祈祷法もありました。そこで、日蓮宗における加持《かじ》祈祷の歴史とその方法についてみていくことにしましょう。

●日蓮宗の祈祷の歴史

日蓮宗の祈祷法については、日蓮聖人が既に天台宗・真言宗の祈祷法を相伝され、法華経によって独自の修法を開拓されたことに始まるとされています。これは弟子によって相伝され、祈祷相承《そうじょう》が生まれました。祈祷相承は「師資相承《ししそうじょう》」といわれ、師僧から弟子へ直接に口伝《くでん》や書物で相伝するかたちがとられます。特に口伝は、伝える者と受ける者の両者が知るのみで、他人に漏《も》らさない伝え方であることから、「無漏《むろ》相承」ともいわれています。

日蓮聖人は、法華経から経文を選んで『撰《せん》法華経』（通称『撰経』、『祈祷経』とも。後述）を著わしました。これは、京都へ教えを弘めた日像《にちぞう》や鍋冠《なべかむ》り日親《にっしん》など、祈祷を修する先師により読《どく》誦《じゅ》され、書写されています。特に、この祈祷法を現在に伝えているのが身延久遠寺と中山法華経寺といえます**【次頁写真参照】**。

身延では、積善坊日閑《しゃくぜんぼうにちかん》が七面山《しちめんさん》において百日修行し、成満《じょうまん》（修行を終える）の日に七面大明神宝前の花瓶《かびん》の一枝が飛来したのを感得し、この一枝をもって病人の加持祈祷を行っています（積善坊流）。七面山は、法華経の修行者にとっては霊山で、ここで修行を行った祈祷師も多く、山頂には、末法の世を守護する七面大明神が祀られています。

一方、中山では日祥《にっしょう》が円立坊《えんりゅうぼう》を建て、遠寿院《おんじゅいん》三世日久《にちきゅう》が身延七面山で修行すること七回、中山流を身延に伝えました（遠寿院流）。中山二十五世日長《にっちょう》の弟子日住《にちじゅう》は、正保元年（一六四四）智《ち》泉院《せんいん》を開創して祈祷道場としました（智泉院流）。この両流は、「中山二験者《げんじゃ》」と称されましたが、これに加え、京都本瑞寺《ほんずいじ》日栄《にちえい》は唯観《ゆいかん》流を興《おこ》しました。

この三流が互いにしのぎを削っていくことにより、日蓮宗の祈祷法は発展していったわけです。日栄《にちえい》は、『修験故事便覧《しゅげんこじびんらん》』（享保十七年刊行）を著わし、元禄・享保期に民間で行われていた祈祷や呪法を網羅して紹介しています。これは、現在の加持祈祷の世界においても基本資料とされています。

日蓮宗加行所（千葉県市川市）

法華教団の大きな事件に、天文五年（一五三六）に起こった「天文法難《てんもんほうなん》」があります。この法難によって堺《さかい》に避難した京都諸本山は、祈祷を修し、このかいあって帰洛の勅許《ちょっきょ》を得ました。記録によると、この時に千巻陀羅尼《せんがんだらに》読誦を修したことが明らかになっています。

江戸の年中行事を知る『東都歳事記《とうとさいじき》』（斉藤月岑《さいとうげっしん》著）をみると、霊験《れいけん》ある祖師や守護神を祀る寺院では法要に際し、千巻陀羅尼修行が修されていたことが記されています。日蓮宗の僧侶が祈願を行う行法は、陀羅尼をたくさん読誦することにありました。これによって、その場は、厳粛で宗教的な雰囲気が醸《かも》し出されたわけです。

法華教団の歴史の中では、法華経の読誦行が重視されました。読誦した部数を記し、巻数目録を作成し、これを公武《こうぶ》や願主に奉るといったことが盛んに行われています。

中山法華経寺十世日俒《にちごん》は、法華経千部読誦・唱題千部を成就しており、多くの経典を読誦することを重視しました。

祈祷の作法

『修験故事便覧』によれば、「祈祷」とは「福を求むもの」であるとし、「修法」とは「息災増益《そくさいぞうやく》の法を修する」とあります。

そして「加持」とは

「仏の加被力《かびりき》を以《もっ》て行者を任持《にんじ》して則ち除災与楽《じょさいよらく》せしむ。故に法師呪《しゅ》を誦《じゅ》して病者の除災を祈るをまた加持と云ふなり」

とあるように、日蓮宗の祈祷法が他宗の加持と違う点は、祈祷経の読誦と化他《けた》のための「木剱《ぼっけん》（剣）加持」【下写真参照】の作法であるといえます。

中山遠寿院流の相伝書には、「剱形之楊枝《けんぎょうのようじ》」として、

「狐つき・夜鳴《よなき》等一切魔病《いっさいまびょう》用」／「死霊《しりょう》用」／「疫病《えきびょう》神祟《かみたた》り用」／「生霊《いきりょう》・呪詛《じゅそ》・死霊用」／「神祟り用」／「七面山に於《おい》て伝授」／「真体法剱《しんたいほうけん》」

の七本が伝えられ、それぞれの用途があります。これは、天台の加持杖《かじじょう》、真言の金剛杵《こんごうしょ》を融合して次第に剣（剱）の形になっていったものです。現在の木剱も、これらを整理して、七本木剱として受け継がれています。

現在は、この木剱に数珠《じゅず》をのせて加持する作法がとられています。これは「剱形九字《けんぎょうくじ》」と

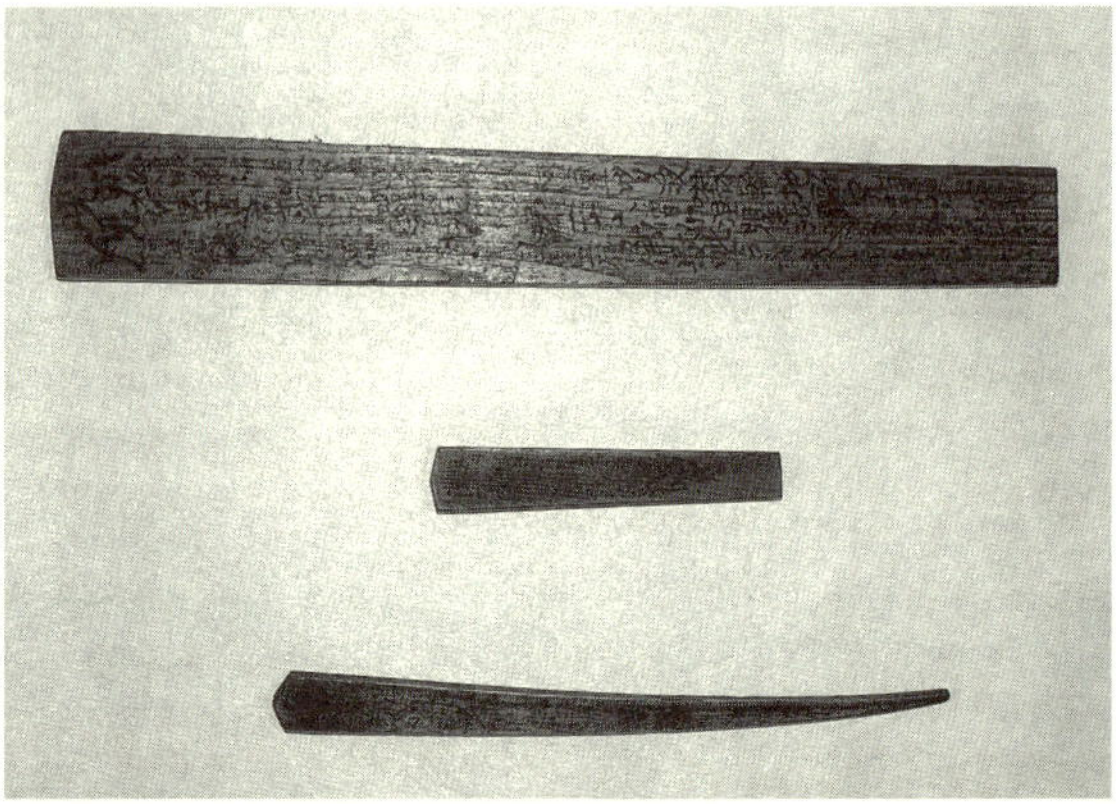

増穂町妙善寺伝来木剱

いって、木劔と数珠を合わせて打ち、九字の「祈祷肝文《きとうかんもん》」を唱えて祈る日蓮宗独特の法式です。

日蓮宗の九字**【左図参照】**は、修験道などの「臨兵闘者皆陳烈在前《りんぴょうとうしゃかいじんれつざいぜん》」と異なり、

「妙法蓮華経序品《じょほん》第一」

の九字をあてており、妙の一字を七字から九字に切る「妙一九字」の方法があります。

もともと九字の九は陽《よう》の満数で、陰《いん》の邪気を祓《はら》うために九字を用いるといわれています。これは、日蓮宗の教義である十界互具《じっかいごぐ》や一念三千《いちねんさんぜん》を基本に据《す》えています。

九字の切り方の一例

祈祷の際は、『撰経』（『祈祷経』）が縫い込められた筒状のものと、数珠・木劔とを身体にあてる祈祷法が修されています。『撰経』は、日蓮聖人が佐渡流罪中、日得《にっとく》の要請に応えて著した法華経の肝文であり、修法師《しゅほっし》はこれを百日の修行中に書写します。

日蓮宗の荒行と祈祷

現在日蓮宗では、祈祷相伝のために日蓮宗加行所《けぎょうしょ》（千葉県市川市・中山法華経寺内）を開設しています。ここを

修法師による水行の光景

出行《しゅつぎょう》すると日蓮宗修法師の資格が与えられ、木剱による加持祈祷が許可されます。この修行は日本三大荒行の一つにも数えられるほど厳しいものであるため、すべての日蓮宗教師（僧侶）に義務づけられているわけではありません。修行期間は、十一月一日から二月十日までの百日間、極寒の修行であるため、修行中に死亡者が出る年もあるほどです。

この加行の起源は、日像が永仁元年（一二九二）十月二十六日より百ヵ夜、寒風に身を晒《さら》して自我偈《じがげ》百巻を読誦し、祈願を行ったことからといわれています。修行期間については、明治九年（一八七六）五月の清規《しんぎ》に、「毎歳十一月一日を以て開堂とし、二月十日を以て閉堂とす」とあるように、正味百日間の修行の伝統が現在も受け継がれています。

修行僧は、伝師《でんし》と副伝師の指導のもと、参篭《さんろう》、五行、四行（再々行）、三行、二行（再行）、初行の順に、百日行を重ねた修行僧が一同に修行を行い、百日の間一般社会と断絶して結界《けっかい》し、読経と水行《すいぎょう》**【前頁写真参照】**に専念します。禅宗の坐禅、真言宗の護摩行《ごまぎょう》に対して、日蓮宗は水行であるといわれています。これも、朝三時から夜十一時までの一日七回の水をかぶることが日課となっているからでしょう。水行の前には、「水行肝文《かんもん》」という法華経の抜き書きや祈祷先師を勧《かん》請《じょう》したものが力強く誦されます。

修行中は、一日二回の食事しか食することができず、それもお粥《かゆ》で、精進潔斎《しょうじんけっさい》の生活といえます。加えて、睡眠時間も一日平均二〜三時間で、いわゆる罪障消滅《ざいしょうしょうめつ》・懺悔滅罪《さんげめつざい》の修行が主となるわけです。特に、最初の三十五日間は自分の行（自行《じぎょう》）として外部の人との面会は赦《ゆる》されず、七日ごとの厳しい修行が課されます。この内容は、五段教化法にのっとり、一七日《いちしちにち》「死霊《しりょう》段」二七日《にしちにち》「生霊《いきりょう》段」三七日《さんしちにち》「野狐《やこ》段」四七日《ししちにち》「疫病段《えきびょうだん》」五七日《ごしちにち》「呪詛《じゅそ》段」となっています。これは「秘妙五段法《ひみょうごだんほう》」といわれ、日蓮宗独自の修行法によって五段の邪気を祓う方法が取り入れられています。

これらの霊が人にとり憑き、何らかの行為をなすことを「託《たく》」といい、「託ずる」というのは

「託」がついた状態をいいます。

◆『撰《せん》法華経』（『祈祷経』、『撰経』）について【下写真参照】

『撰法華経』とは、日蓮聖人が佐渡流罪中、日得の要請に応えて記した法華経の肝文であり、法華経の中で祈祷に関する重要な部分を抜き書きにしたものです。これは「末法《まっぽう》一乗《いちじょうの》行者《ぎょうじゃ》息災《そくさい》延命《えんめい》所願《しょがん》成就《じょうじゅ》祈祷《きとう》経文《きょうのもん》」の別称で呼ばれていることから『祈祷経』ともいいます。

荒行の修行期間中に『祈祷経』を写経し、これを筒に入れ、錦《にしき》で包んだもの（通称『撰経』という）を修法師は胸に掛け、修法を行います。

◆護符《ごふ》（符）について【次頁写真参照】

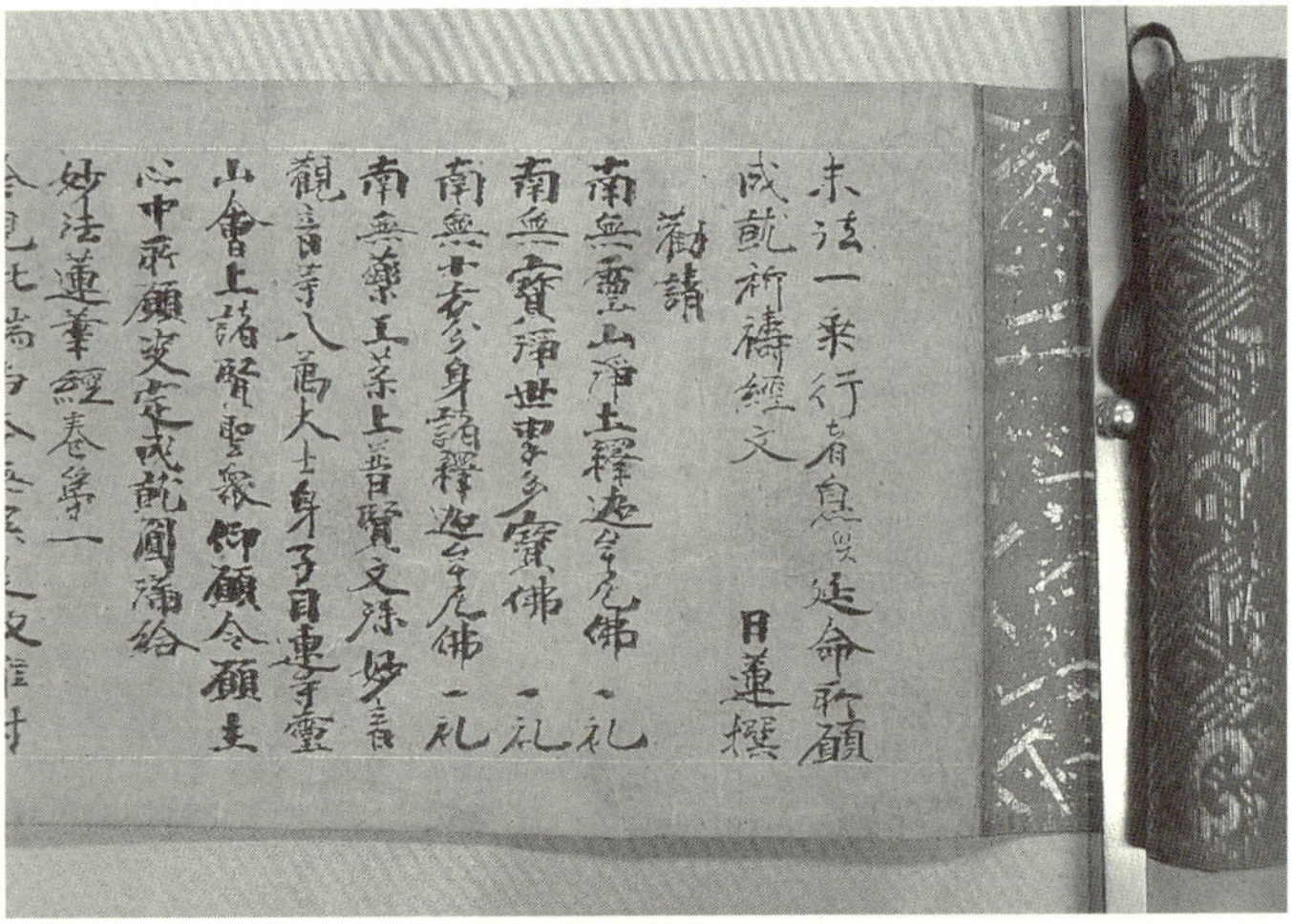

『祈祷経』
（法華宗真門流総本山本隆寺蔵）

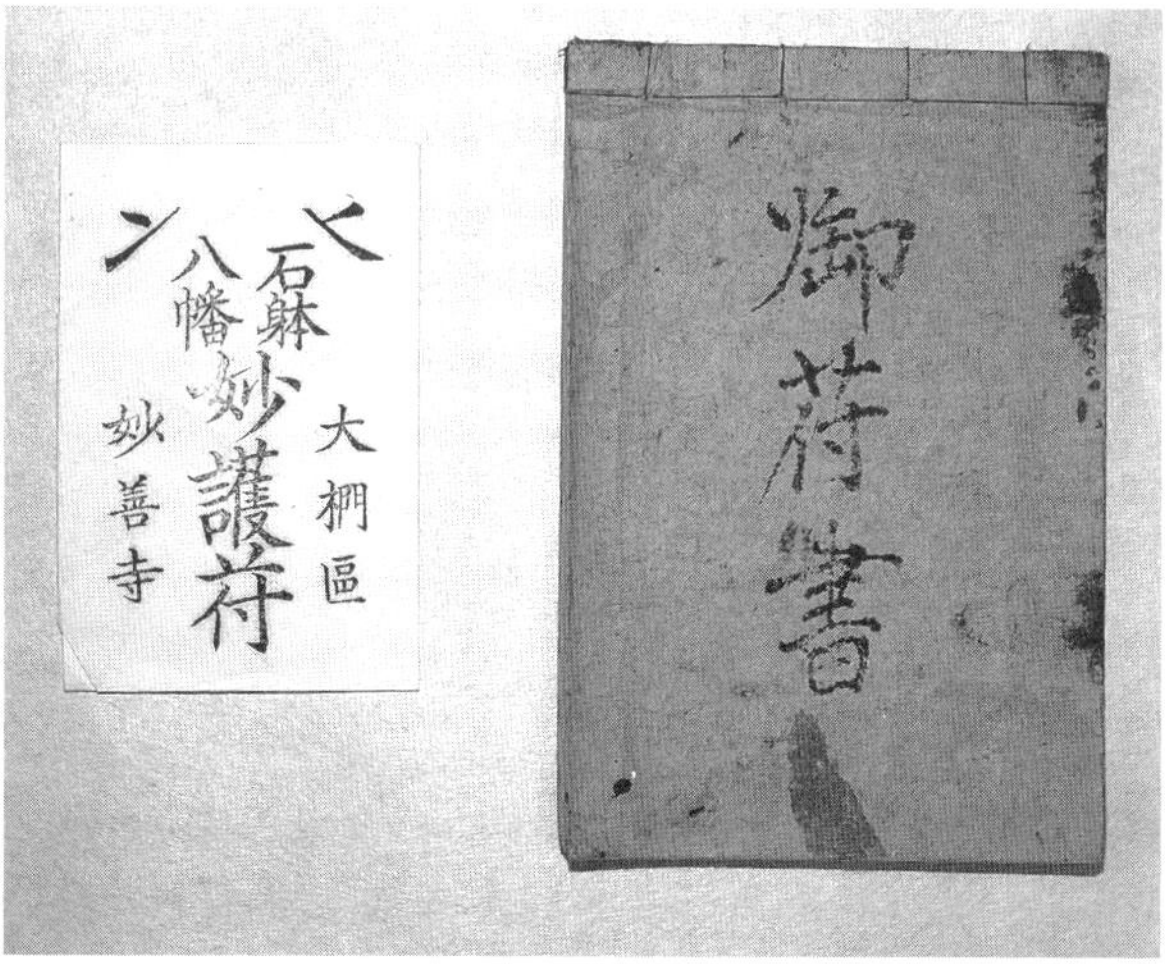

護苻
（増穂町妙善寺蔵）

御符、御苻、神苻、秘妙《ひみょう》苻ともいいます。祈祷の世界では、飲むものを「苻」、それ以外を「符」と文字上で分けて使用しています。一般に護符は、戸や柱に貼り、仏壇や神棚に安置し、また肌につけたりなど、さまざまな所持の仕方があります。

護苻には、腫物《はれもの》・夜《よ》啼止《なきどめ》・授子・安産・虫歯・万病などがあり、これらは御札《おふだ》・御守《おまもり》といい、御苻と区別しています。

さまざまな修法

修法祈祷は、邪気悪霊を木劍による九字によって退散させる祈祷です。邪気といっても、法華経により邪心を転じて正法《しょうぼう》の行者を守る善神にするわけです。

ほかにも、「封じ加持」「調べ加持」といった祈祷があります。調べ加持とは、憑霊《ひょうれい》によって悩まされている者に対し、何が憑霊しているかを調べ、これを退散する加持です。これには、本人自身に直接行うものと、霊媒者の体に憑霊を移させて加持する「寄《よ》り加持」があります。邪霊の引き取りには、長房の数珠が用いられますが、呪文の書かれた守紙《もりがみ》で拭《ふ》き取る作法もあります。

これらの加持は、大きく分けて

①祈念《きねん》加持＝国家社会に対する祈念や個人の地鎮祭《じちんさい》・開眼式《かいげんしき》など

②法楽《ほうらく》加持＝一般大衆に修する加持【下写真参照】

③験《げん》（現）加持＝邪気払い、病気平癒祈祷、方除《ほうよけ》、虫封じなど

の三種があります。現在は、諸天に感謝の誠を捧げ、その余慶《よけい》の功徳として、大衆が受ける法

修法師による法楽加持の光景

楽加持がよく修されています。

◆「邪《じゃ》気《き》払《ばら》い」について

邪気悪霊に取り憑かれた状態を払拭《ふっしょく》するための祈祷修法です。邪気が法華経により邪心を転じ、法華経の行者を守る善霊・善神になるといったものです。

◆「封《ふう》じ祈祷」について

人の邪霊を守や符に引き取って容器や特定の品物に封じ込め、川に流し、あるいは土中に埋め、あるいは火中に投じるなどの方法をとるものです。

歴史上では、筒封じ（竹の筒に邪霊を封じて土中に埋める）や痔封じ（へちまに封じ込める）が行われています。

現在は、小児の虫封じや頭痛封じ（ほうろくを頭にのせ、その上からお灸をして加持する）が各地の寺院で修

木鉦

されます。

◆「寄《よ》り加持」について

加持祈祷の際に、降霊して発言する者がおり、予言、霊告を行います。江戸時代後期の江戸に流行《はや》りましたが、人心をまどわすこともあったため、一時期この祈祷法は禁止されました。寄り加持は、「寄《よ》り代《しろ》」が憑霊《ひょうれい》状態に入ったら、修法師が取り憑《つ》く理由を尋ねて修法し、退散させる方法ですが、現在はあまり行われていません。

●祈祷を受ける心得

祈祷者である修法師は、水行で身を潔《きよ》めた後、法華経を、早い口調で、かつ魔を退散させるような大声で読みます。咒陀羅《しゅだら》（陀羅尼品《だらにほん》）や普賢咒《ふげんじゅ》（普賢菩薩勧発品《ふげんぼさつかんぼっぽん》）といった咒文を、木鉦《もくしょう》【前頁写真参照】を用いて中拍子や本拍子といった早いリズムで叩いて唱えます。

祈祷師は、「幣束《へいそく》」が吊るされた「界縄《かいじょう》」【次頁写真参照】の中で読経します。そして、切り火を行った後、九字を切り、木劒とともに声を張り上げ、祈祷肝文を誦します。祈祷を受ける者は、合掌し、心に題目「南無妙法蓮華経」の七字を唱えます。肝文が終わると「頂戴経《ちょうだいきょう》」をあげ、身体に撰経をあてて体の祓いを行います。よって、祈祷を修する者も受ける者も厳粛な雰囲気をもって行わなければいけないことになります。

こうした伝統を持つ日蓮宗の祈祷法は、開祖・日蓮聖人の祈祷観を受け継いでいるわけです。日蓮聖人は、『祈祷抄』に

「潮の満ち干《ひ》ぬことはありとも、日は西より出るとも、法華経の行者の祈りの叶わぬことはあるべからず」（定六七九頁）

と示されており、法華信仰を持つ人を仏菩薩や神々が守護することを説いています。

明治二十一年刊『法華験家訓蒙《ほっけげんけくんもう》』には、咒に三種があり、治病・滅罪・護法の咒が基本となることが記されています。人を呪《のろ》うための呪術は、日蓮宗において修されることはありません。

界縄

しかし、悪霊退散の祈祷や憑《つ》き物落し・病気平癒・方除・家祓・厄除・悪星退散などの験《げん》加持は修されているわけです。これらには秘伝があり、軽々しく祈祷を行ったり、受けたりすることは禁じられています。

法華教団の発展は、この修法祈祷にあるといっても過言ではありません。日蓮宗の祈祷師から加持を受けることによって、仏の力・経典の力・信仰の力の三力が具《そな》わり、自分や周囲の人々の信心を増進させることになります。よって、日蓮宗の祈祷は、根本経典である法華経や日蓮聖人が唱えた題目の信仰なくして成立しえないことになるわけです。

日蓮宗寺院には、葬祭以外に祈祷を専門に行う寺院・教会・結社が多く存在しています。いい換えれば、日蓮宗において修法祈祷が信徒獲得のための一つの布教法となっているわけです。檀家制度や宗派仏教の枠を超え、法華の信徒として帰依した人々が、現世利益《げんぜりやく》の祈りを行っています。この信徒拡大は、修法師の活躍によるところが大きく、荒行堂の祈祷本尊である鬼子母神《きしもじん》が鬼形《きぎょう》化し、邪気を払う強い力を持ったことも影響しているといえましょう。

第六章

法華信仰の文化と宝物

仏像による曼荼羅本尊

●日蓮宗の曼荼羅本尊

日蓮宗寺院の本堂には、ご本尊がお祀りされています。これは、日蓮聖人が感得された曼荼羅《まんだら》の世界を表現したものです。

日蓮聖人が初めて自ら筆をとって大曼荼羅本尊を認《したた》められたのは、文永十年（一二七三）七月八日、五十二歳の折、佐渡においてでした。紙一面の中に法華経における救済の世界を描いたもので、文字によって書き顕《あら》わされました。日蓮聖人はそのご生涯の中で、筆文字による大曼荼羅本尊を、無数に認められています【次頁上写真参照】。

日蓮聖人滅後も、法華教団は、大曼荼羅本尊を作り続けますが、その中には、必ずしも文字によるものではなく、絵によって描かれた「絵曼荼羅」【次頁下写真参照】といわれるものや、木造や銅造の立体仏で表現されたものなどがあります。いずれも礼拝の対象として大切なものです。

日蓮聖人の御廟《ごびょう》があり、日蓮宗の総本山として全国の法華信徒の信仰を集めている身延山久遠寺は、山内各所に堂宇が点在しています。

この諸堂宇の中心に位置している本堂は、過去に何度も火災に遭っていますが、各地の信徒から集められた浄財によって何度か再建されています。近年

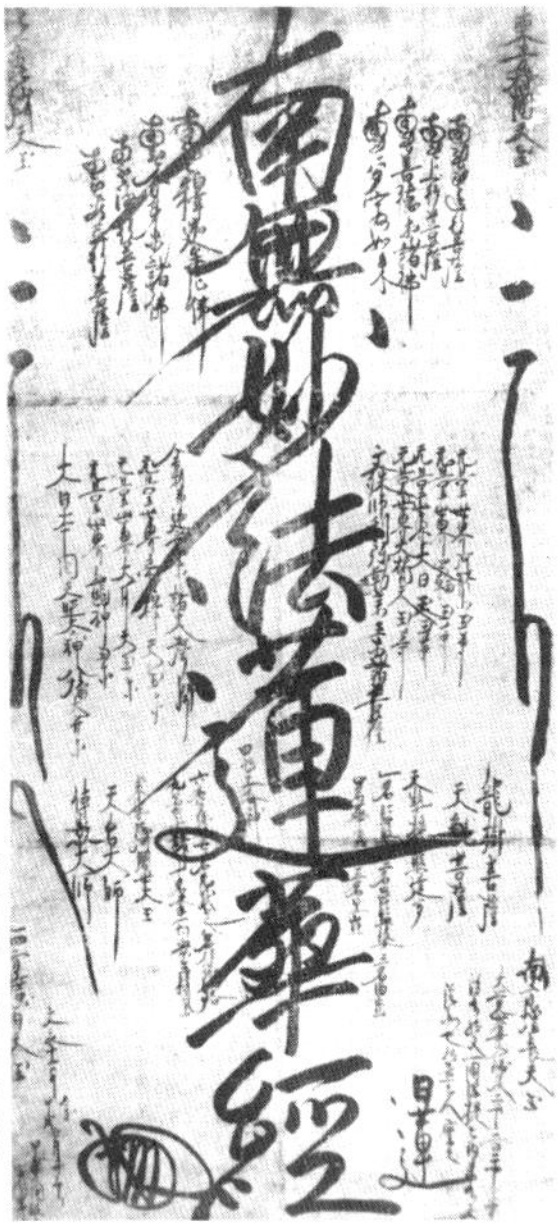

文字によって書き顕わされた曼荼羅本尊（茂原市藻原寺蔵）

絵曼荼羅の部分
（著者蔵）

身延山久遠寺本堂の本尊。立体の仏像で曼荼羅を表わす

―― 配置図 ――

⑫持国天
⑩不動明王
⑭広目天
⑤無辺行菩薩
⑧文殊菩薩
④上行菩薩
②多宝如来
①題目宝塔
⑯日蓮聖人
③釈迦牟尼仏
⑥浄行菩薩
⑨普賢菩薩
⑦安立行菩薩
⑬毘沙門天
⑪愛染明王
⑮増長天

では、明治八年（一八七五）の大火で焼失して以来、再建が悲願となっていました。昭和六十年に大規模な本堂が建立され、一宗の総本山としての威容を誇っています。

●身延山久遠寺本堂の本尊

本堂内陣の須弥壇《しゅみだん》上に奉安されるご本尊は、一つの宝塔と十四体の仏像によって表現されています【前頁写真参照】。これらはすべて木造で、その中でも日蓮聖人像は澤田政廣《せいこう》作、その他の仏像は江里宗平《そうへい》作、と当時の著名な仏師によって彫刻されています。勧請《かんじょう》される十五体の仏像は、よくみると姿形が異なっています。持物や印相をみると、それぞれ仏像としての意味があります。

そこで、本堂に勧請される仏像の代表例といえる身延久遠寺本堂内の仏像の像容を、一体ずつご本尊に向かって礼拝した形で、紹介してみましょう。

◆一塔両尊《いっとうりょうそん》（①～③）

ご本尊に向かって礼拝すると、中央に「南無妙法蓮華経」と大きく書かれた文字が目にとまります。これは、日蓮聖人が建長五年（一二五三）四月二十八日千葉県清澄寺《せいちょうじ》旭が森《あさひもり》において、初めて唱えた題目の七文字を示したものです。久遠寺のものは、日蓮聖人がご入滅される折に掲げられた「臨滅度時《りんめつどじ》のご本尊」【本書56頁写真参照】の題目を模刻したものです。この題目は、「光明点《こうみょうてん》」と呼ばれる線が示されており、光を放っている形として題目が表現されているのが特徴です。これは、通称「髭《ひげ》題目」と呼ばれています。また、この塔全体を「題目宝塔《ほうとう》」（①）といい、ご本尊の中心に位置されています。

宝塔の向かって右側に多宝如来《たほうにょらい》（②）、左側に釈迦牟《しゃかむ》尼仏《にぶつ》（＝釈尊、③）があります。これは、法華経「見宝《けんほう》塔品《とうほん》第十一」に説かれる「二仏並坐《にぶつびょうざ》」の物語を示したものです。内容は、七宝《しっぽう》の塔が大地の中から現われ、やがてそれが空中にとどまるところから始まります。多宝如来は、宝塔の中の席を半分あけて、釈尊に「お坐り下さい」とすすめました。このため、釈尊はその言葉通りに多宝如来と並んで結跏趺坐《けっかふざ》（禅定《ぜんじょう》の姿）しています。

①〜③のアップ

中央の題目宝塔を中心に、法華経の永遠の救いが明らかにされています。両尊とも合掌した姿となっていますが、拍手印《はくしゅいん》の像もあります。これは、多宝如来が両手を離して手を打つ形を示したものであり、法華経中に釈尊の教えをほめ讃えるかたちのものです。いずれにしても、一つの宝塔と二体の仏像から「一塔両尊《いっとうりょうそん》」「三宝本尊《さんぼうほんぞん》」といわれ、まさに法華経のドラマを物語っているといえます。

なお、如来像の特徴として、頭部に螺髪《らほつ》と呼ばれる巻毛があり、原則として衲衣《のうえ》と呼ばれる衣をまとうだけです。そして敬意を表わす時の着方である偏袒右肩《へんだんうけん》（左肩だけ覆《おお》う）か説法や遊《ゆ》行《ぎょう》のときの着方である通肩《つうけん》（両肩を覆う）の姿となっています。一般寺院では、両尊は見分けがつかないことが多々あります。そこで、久遠寺の両尊をよくみると、多宝如来は、両腕を覆っており、釈尊の右手は、露出していますので、両尊の性格の違いが表現されています。また、光背の上部に宝珠を付けたほうが釈迦如来、宝塔を付けたほうが多宝如来となっており、それぞれ区別できます。

一般寺院を参拝すると、たまに両尊が逆に安置されている場合があります。この原因の一つとして、大掃除の折に両尊を遷座して再び元に戻そうとした折りに、反対に置いてしまったケースがあげられます。両尊や四菩薩は少しばかりみただけでは間違えやすいので、移動の際には仏像を確認し、置いてあった位置を確認してみる必要があるといえます。

◆四菩薩《しぼさつ》（④〜⑦）

一塔両尊の左右に四体の立像があり、右から無辺行《むへんぎょう》菩薩（⑤）・上行《じょうぎょう》菩薩（④）・浄行《じょうぎょう》菩薩（⑥）・安立行《あんりゅうぎょう》菩薩（⑦）です。いずれも「従地涌出品《じゅうじゆじゅっぽん》第十五」で大地の下から姿を現わす菩薩で、「地涌の菩薩」ともいわれます。

日蓮聖人の教義の上から上行・無辺行・浄行・安立行の四菩薩と位置付けられ、聖人自らも上行菩薩の再誕であるといっています。四体の像容は、合掌した菩薩の姿で表わされており、銘文が記されていなければほとんど見分けがつきません。

◆文殊菩薩《もんじゅぼさつ》・普賢菩薩《ふげんぼさつ》（⑧・⑨）

文殊菩薩（⑧）は、釈尊入滅後、インドのバラモンの子に生まれた実在の人物で、菩薩の域に達した人と考えられています。右手に剣、左手に経巻や蓮華を持っているかたちが多く、古くから「智慧《ちえ》の文殊」といわれて信仰されています。

普賢菩薩（⑨）は、法華経「普賢菩薩勧発品《かんぼっぽん》第二十八」に登場する菩薩で、インドの霊鷲山《りょうじゅせん》で説法する釈尊の前で法華経行者を守護することを誓っています。特に仏の滅後に法華経を受持《じゅじ》・書写する者が危機に遭うならば、六本の牙を持つ白象《びゃくぞう》に乗って大菩薩衆とともにその者の前に現われ、守護するであろうと誓願している菩薩です。

この文殊菩薩と普賢菩薩は、一対《つい》になって釈尊像の脇侍《きょうじ》をつとめることもあり、文殊の智に対し、普賢は行《ぎょう》を表わしています。日蓮宗では、普賢菩薩のみ祀る例はあまりみかけません。その中でも、押上春慶寺（墨田区）に奉安される普賢菩薩は、百済《くだら》の聖明王《せいめいおう》の作と伝えられ、江戸時代以来、庶民の信仰をあつめています。この尊像は霊験《れいけん》あらたかということで、単独で勧請されており、江戸時代には「流行神《はやりがみ》」になっています。

ご本尊の中では、向かって右が文殊菩薩、左が普賢菩薩となっています。この像容の違いは、乗り物（台座）に注意するとわかるように、文殊が獅子《しし》に乗り、普賢菩薩が白象に乗っていることです。

◆不動明王《ふどうみょうおう》・愛染明王《あいぜんみょうおう》（⑩・⑪）

不動明王（⑩）は、密教の守護神として各宗派で祀られています。日蓮宗で祀られる不動明王も同じ像容のものが多く作られています。向かって右に位置し、赤土色の衣を着し、怒りの形相《ぎょうそう》にして炎をかたどった光背《こうはい》があります。

愛染明王（⑪）も、不動明王と同じ色調ですが、左に位置し、左手に金剛鈴《こんごうれい》、右手に金剛杵《こんごうしょ》

（五鈷《ごこ》杵）・弓・矢などと持物が違っています。勧請される仏像の中では、色・形に特徴があります。日蓮聖人筆の曼荼羅本尊においては漢字ではなく悉曇《しったん》文字（梵字）の種子《しゅじ》で示されています。

◆四天王《してんのう》（⑫～⑮）

四辺には、四天王が安置されていますが、左上部・毘沙門天《びしゃもんてん》（⑬、北方守護）、右上部・持《じ》国天《こくてん》（⑫、東方守護）、右下部・広目天《こうもくてん》（⑭、西方守護）、左下部・増長天《ぞうちょうてん》（⑮、南方守護）となっています。それぞれ、東西南北の方位を守護しており、インド神話に登場する神でしたが、仏教に取り入れられて護法神《ごほうしん》となったものです。

日蓮聖人の曼荼羅本尊でも中央から右上、右下、左上、左下に記されています。この中でも、毘沙門天（多門天《たもんてん》）は、左手に宝塔を持っていることから、七福神の一つとして特に信仰されています。また、持国天と毘沙門天は「二天」といわれて信仰され、身延山にもかつてこの二体を祀る二天門が存在したことが『身延山絵図』からわかります。

◆日蓮聖人（⑯）

ご本尊の中心部に位置する日蓮聖人像は、聖人自筆の曼荼羅に「日蓮（花押《かおう》）」と記されているように、日蓮宗の開祖・日蓮聖人を表現したものです。像容は、坐像で、手に経巻を持った読経像となっています。他にも、椅子《いす》に坐った倚像《いぞう》のものもあり、右手に笏《しゃく》、左手に経巻を持った説法像もよくみられます。久遠寺の須弥壇《しゅみだん》は、一般寺院の本堂に比べて広く、かつ高い位置にあるため、聖人像の目線は、信徒が坐る外陣の位置に合わせて作られています。やはり、大勢の信徒の礼拝仏であるからでしょう。

――以上、久遠寺本堂に祀られる仏像をみてきました。これらの他にも日蓮聖人の曼荼羅には、舎利弗《しゃりほつ》、目連《もくれん》、釈提桓因《しゃくだいかんにん》、大日天子《だいにってんし》、大月天子《だいがってんし》、鬼子母《きしも》神《じん》、十羅刹女《じゅうらせつにょ》、龍樹菩薩《りゅうじゅぼさつ》、天台大師《てんだいだいし》、伝教大師《でんぎょうだいし》などがあり、それぞれ仏像化して表現している寺院があります。これに加えて、個々の寺院の開創や由緒沿革にまつわる六老僧、門流の派祖、歴代先師、ゆかりの守護神を本堂内に奉安している場合があります。これらの仏像は、その寺院における歴史と伝統を物語っているのです。

⑯のアップ

霊木と法華信仰

樹木の霊性

古来から樹木には、神や仏が宿るといわれています。樹木が霊木となり、そこから仏像が彫刻されることもあります。法華の寺院に祀られる仏像の中には、日蓮聖人や守護神との関係から、霊木にまつわる伝説が伝えられているものがあります。また、日蓮聖人が袈裟《けさ》を掛けた松や、日蓮聖人が植えた木が育って霊木となったものもあります**【次頁写真参照】**。

境内の樹木が、年輪を重ねて巨木となり、これが国・県・市町村の天然記念物になっているものもみかけます。

そこで、この項では、樹木の霊性と仏像との関わりや樹木にまつわる伝説などについて、みていきましょう。

一木三体の仏像

「一木三体《いちぼくさんたい》の仏像」という霊像が存在します。各地の寺院を訪れると、一本の樹木から三体の仏像を刻むといったことが仏像の縁起によく説かれています。同じ木で仏像を刻むことによって、分体となった仏像の霊験《れいけん》や御利益《ごりやく》は、元の木と同じであるということから、この伝承がきています。仏像の素材は、木造のものが多く、現存する一般寺院のご本尊も木造がほとんどです。例えば、広島常国寺（廿日市《はつかいち》市）に安置する祖師像は身延奥の院、堀の内妙法寺と合わせて一木三体の霊像といわれ、信仰されています。

こうして、日蓮聖人ゆかりの霊場に育った樹木に祖師や守護神の霊験が付与され、日蓮聖人滅後から間もなく、霊性を帯びた仏像が出現していくわけです。

「日蓮聖人御手植杉」
（身延奥の院）

●日蓮聖人と釈迦仏造立

日蓮聖人は、「釈迦像を一体造立すれば、十方《じっぽう》世界の諸仏を作ったことになる」（定一六二三頁）と述べ、功徳の大きさを語っています。

そして、「この功徳によって毎日の災難を払い、後生《ごしょう》には必ず仏になる」と述べ、除災と成仏の教えを明らかにしています。

建治二年（一二七六）七月、檀越《だんのつ》の四条金吾《しじょうきんご》は、木造の釈迦仏一体を造立しました。その開眼を依頼された日蓮聖人は、法華経によってのみ開眼供養が可能であるとの教示を与えました。さらに、

「このたび造立された仏こそ生身《しょうしん》の仏である。昔、優填《うでん》大王の造られた木像や影顕《ようけん》王の造られた木像と比べても何ら変わることがない。梵天・帝釈・日月・四天王なども必ずや、影の身に随うが如くあなたを守られるであろう」（定一六二四頁）

と称賛し、造立による功徳の大きさと守護の実現を示しています。

●自開眼の祖師

浅草長遠寺《ちょうおんじ》は、通称「土富店《どぶだな》の長遠寺」と呼ばれ、江戸庶民に親しまれている寺院です。この寺院に安置する祖師像には、次のような伝説があります。

京都南禅寺の普門禅師《ふもんぜんじ》は、日天子《にってんし》を信仰していましたが、ある朝、日輪《にちりん》の中に菩薩の像を拝しました。禅師は、自らこれを模写し、お告げにしたがって弘長元年（一二六一）六月、伊豆国伊東に赴いて日蓮聖人に会いました。すると聖人は、開眼供養を修し、この像を普門に与えました。そして、自ら肖像を彫って普門に授与しました。

このように、日蓮聖人が自ら彫刻し、開眼したという仏像の伝承が全国各地に伝えられています。この仏像を刻む材質は、木がほとんどで、日本文化の特徴ともいえます。

樹木にまつわる伝説

樹木には精霊が宿るとされ、日蓮聖人と樹木にまつわる伝説は各地に存在します。特に、松・欅《けやき》・杉・桜・銀杏《いちょう》といった種類の樹木は、日蓮聖人の伝道に伴い、深いつながりがみられます。

◆杖と銀杏の霊木（山梨県身延町上沢寺《じょうたくじ》）【次頁写真参照】　※国の天然記念物に指定

小室山で善智法印《ぜんちほういん》は、日蓮聖人との法論によって石を持ち上げようとしました。しかしながら、法論に負け、日蓮聖人の後を追いかけてきたところから銀杏との話が始まります。

現在の下山地区（身延町）に入ったところで、善智法印は、饅頭《まんじゅう》に毒を入れたものを聖人に食べさせようとしました。しかし、近くにいた白い犬が聖人の代わりに食べ、犬は、悶死してしまいました。これをみて、日蓮聖人は悲しみ、杖に使っていた銀杏の木を植えて供養しました。

この木は、逆さに植えられたため、日が経つと実がなって枝が下に垂れ、葉から実が出るようになったといいます。そこで、この銀杏は「さかさ銀杏」といい、後世に毒消し御符として知られるようになりました。

上沢寺の「さかさ銀杏」

◆杖と桜の霊木（山梨県身延町実教寺）【次頁写真参照】

身延山に入る身延道の横根集落（身延町）での話です。この集落は峠の途中の高台にあるので、昔から水の便が悪かったといいます。

集落の人が下のほうから水を運んでくる不便さを思われ、日蓮聖人は、身延入山の折、道中杖にしてきた桜の木の杖を逆さに突き刺さすと、そこに清水が湧き出ました。喜んだ村人はここを「桜清水」と名付け、傍らに堂宇（祖師堂）を建立しました。

◆伝教大師作《でんぎょうだいし》の霊像（東京都新宿区宗柏寺《そうはくじ》）

宗柏寺内に、「矢来《やらい》のお釈迦様」（伝・伝教大師最《さい》澄《ちょう》作）として地域の信仰をあつめている霊像があります。像の由来は、かつて伝教大師ゆかりの比叡山延暦寺のご本尊として祀られていたものが、宗柏という学僧に守られ、江戸の矢来に来ました。この時に休んだ一樹の下から清水が湧くという霊験が現われました。

これにより、「一樹山《いちじゅさん》」という、木にちなんだ山号が付けられ、持っていた仏像が安置されるようになったということです。

実教寺の「桜清水」と祖師堂

◆除厄《やくよけ》の祖師像（東京都杉並区堀ノ内妙法寺）【下写真参照】

江戸時代の頃から近郷の人々から厚く信仰されてきた「除厄の祖師像」は、日蓮聖人の弟子・日朗の作と伝えられています。元は、碑文谷《ひもんや》法華寺に祀られていました。元禄時代の不受不施《ふじゅふせ》弾圧によって、同寺が天台宗に改められたため、妙法寺に移されることになったといいます。

像の由来は、弘長元年（一二六一）、日蓮聖人四十歳の折、幕府の手によって伊豆に流罪になり、弟子の日朗《にちろう》は自分も伊東に赴こうと願いましたが、叶いませんでした。そこで、師が船出した由比ヶ浜《ゆいがはま》（鎌倉市）で聖人の赦免《しゃめん》を祈りました。

日朗は、浜の沖合に一つの霊木を発見し、この木で日蓮聖人像を彫刻し、師に仕えるように給仕しました。やがて、赦免されると聖人は、四十二歳という厄年になっており、この像に護られたとして、後世に礼拝されるようになった、と伝えられる霊像です。

堀之内妙法寺の厄除祖師木版（著者蔵）

日蓮聖人伝の霊木伝説

日蓮聖人伝における主な霊木伝説をあげてみましょう。

◆星下《ほしくだ》りの霊梅（厚木市妙純寺）

霊梅の木は、災難除けとして信仰され、その木からとった梅干《うめぼし》は珍重されています。

◆おけやき（欅）（佐渡市本行寺《ほんぎょうじ》付近）

日蓮聖人が佐渡流罪の折、上陸第一夜を過ごしたと伝えられる欅《けやき》があります。空腹と疲労の中を一心に法華経を唱えていると村の老婆から一椀の粥《かゆ》を恵まれました。そこで、お礼に持参した鍋と「血曼荼羅《ちまんだら》」を与えたといいます。

◆久遠《くおん》の松（藤枝市大慶寺《だいけいじ》）

黒松の大樹で、日蓮聖人が比叡山で勉学した帰り道、ここに立ち寄って記念に植えたものと伝えられます。未来永久に仏の道が栄えるよう祈念して植えたものという意味があり、名付けられ

池上本行寺の「御会式桜」

たといわれています。

◆御会《おえ》式桜《しきざくら》（東京都大田区池上本行寺）【上写真参照】

日蓮聖人の命日である十月十三日の御会式の日に花が咲くことから、この名がきています。各地に御会式桜が存在しますが、御会式の万灯に桜の花を飾るのは、この故事に由来しています。

◆降臨《ごうりん》の槙《まき》（鴨川市鏡忍寺《きょうにんじ》）

日蓮聖人が小松原《こまつばら》にて法難に遭った時、鬼子母神《きしもじん》が登場し、日蓮聖人を救ったという伝承が伝えられる槙の木です。

◆栃《とち》の木（身延七面山《しちめんさん》裏参道安住坊《あんじゅうぼう》）

日蓮聖人の弟子・日朗が、身延七面山登詣の途中立ち寄り、植えたと伝えられる栃の木の霊木で、山梨県の天然記念物に指定されています。霊木は、七面山参詣の裏参道十九丁目安住坊境内にあります。

◆袈裟掛けの松【下写真参照】

日蓮聖人が布教中、休まれた場所にある木に袈裟を掛けたという伝承が、各地に存在しています。例えば、鎌倉の稲村ケ崎（鎌倉市）、池上洗足池《せんぞくいけ》（大田区）、休息立正寺《きゅうそくりっしょうじ》（甲州市）には、日蓮聖人が休まれた折に袈裟を掛けたと伝えられる松が育っています。佐渡実相寺（佐渡市）にも袈裟掛け松があります。同寺は、「御《ご》松山《しょうざん》」という山号が付され、現在日蓮宗の宗門史跡になっています。

休息立正寺の「袈裟掛けの松」

寺院の法灯継承と宝物護持

●法灯の継承

寺院の住職交替、法灯《ほうとう》継承式が全国各地で行われ、新住職が誕生しています。その際に、住職認証式を、日蓮宗ならば身延山において受けることになります。その時には、身延山の信徒研修道場において一泊二日の講習会が課せられています。

住職になると、その寺院の代表役員となり、寺院の管理者として、財産台帳、年度の収支決算書、役員名簿などを所轄庁に提出する義務を負うことになります。

●宝物の確認作業

法灯継承式における奉告文《ほうこくぶん》や御礼の挨拶《あいさつ》の折に、寺院の護持と檀信徒教化といった新住職としての抱負が述べられます。これは、住職として最も大事なことですが、これに加えて、寺院の宝《ほう》物《もつ》管理者として、開創以来の伝統ある宝物を継承することも大事な職責といえます。自分の寺院の宝物にはどんなものがあるか、宗宝《しゅうほう》（日蓮聖人にまつわる宝物）【左写真参照】や准《じゅん》宗宝に指定されている宝物があるか否か、国・県・市町村指定の文化財はあるか否か、確かめてみることが必要とされます。

特に、日蓮宗の宗宝や准宗宝に指定された宝物は、宗派が認めたものです。信仰の財産として宗派が護持管理していく義務があります。よって、毎年宗務院から宗門の予算に計上された、保存管理のための助成金が支給されています。

宗宝の護持

近年、日蓮宗宗務院に置かれている宗宝霊跡審議会の審議を経て、宗務院で予算を計上し、日蓮聖人の曼荼羅本尊《まんだらほんぞん》の調査確認と傷《いた》んだ曼荼羅の修復がなされています。このような大規模な事業は、

日蓮宗の宗宝を表わす「宗宝ラベル」

日蓮宗宗宝調査の光景

近年なされなかったことであり、ご真蹟《しんせき》護持のために宗派が取り組んでいることはたいへんありがたいことです。

具体的な作業は、全国各地の日蓮聖人曼荼羅本尊の所蔵寺院を訪問し、その管理と保存状況が確認され、必要なものは修復が施されます**【上写真参照】**。これらの一連の作業は、宗務院の教務部が担当し、宗宝霊蹟審議会の委嘱《いしょく》を受け、立正大学中尾堯名誉教授が中心となって行われています。

宝物は、文化財修復を行う東京や京都の文化財修理所に運ばれ、修復作業がなされています。

●宝物の継承

寺院開創以来、厳重な宝物管理と次世代への継承が行われている寺院があります。その最たる寺院は、本山中山法華経寺です。同寺は、現在も日蓮聖人のご真蹟を多く護持しています。これは、歴代貫首《かんじゅ》の置文があるからであり、貫首代替わりの時に、日蓮聖人を始めとする所蔵宝物が寺宝として継承されています。法華経寺では、所蔵する資料を網羅した宝物台帳があります。歴代住持のものでは、二世日常《にちじょう》目録、三世日祐《にちゆう》目録といった目録があり、寺院開創以来厳重な管理がなされています。この目録に掲載された宝物は、あくまで法華経寺の信仰の財産であるため、門外不出が原則となっています。このおかげで、現在も日蓮聖人を始めとする先師伝来の宝物が伝存しているのです。

　身延久遠寺においても、歴代の法主によって蒐集《しゅうしゅう》され、護持されてきました。江戸時代においては、宝蔵の入り口に三十一世日脱《にちだつ》が記した「東蔵《ひがしぐら》定」「西蔵《にしぐら》定」が掲げられています**【下写真参照】**。箇条書きの中には、鍵の管

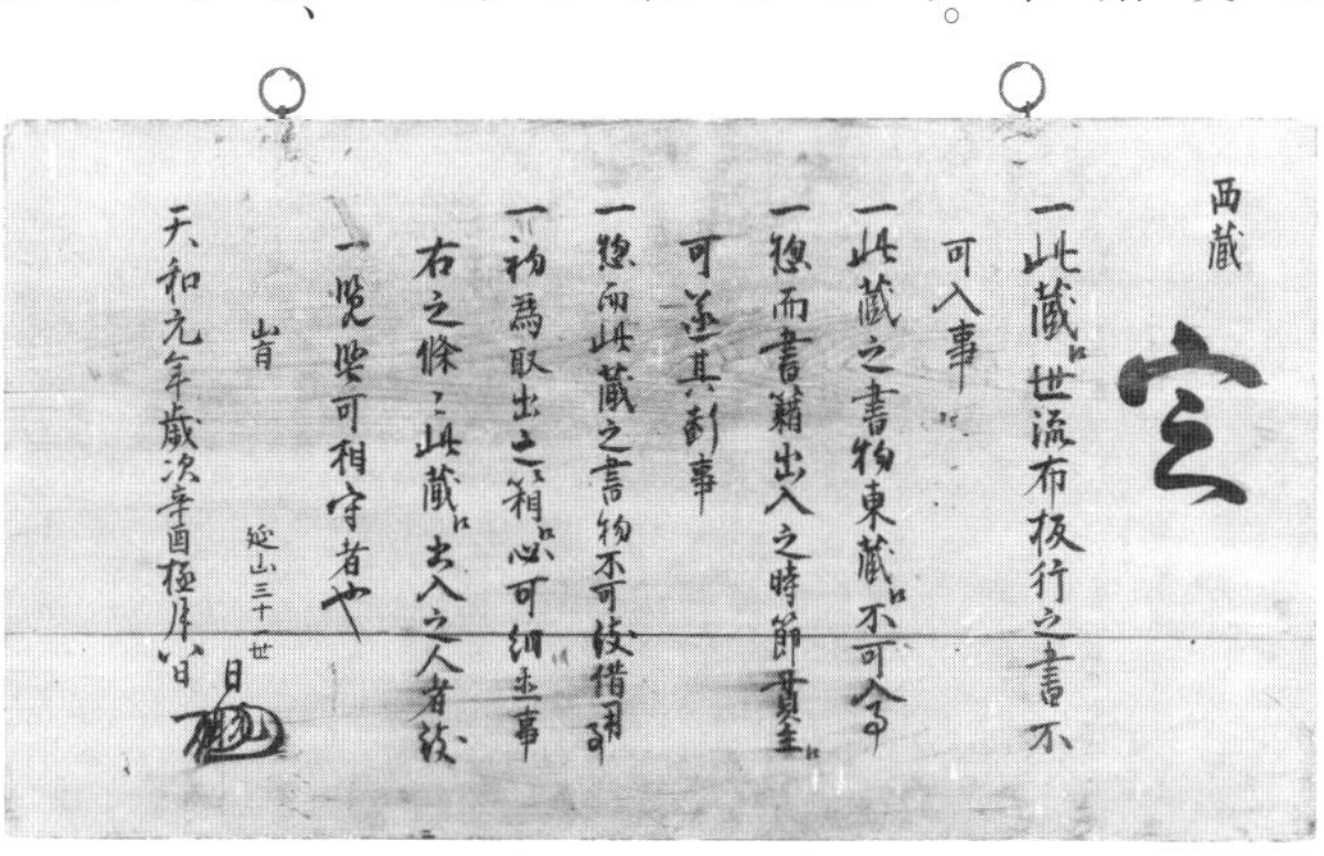

日脱が記した「西蔵定」
（身延山久遠寺蔵）

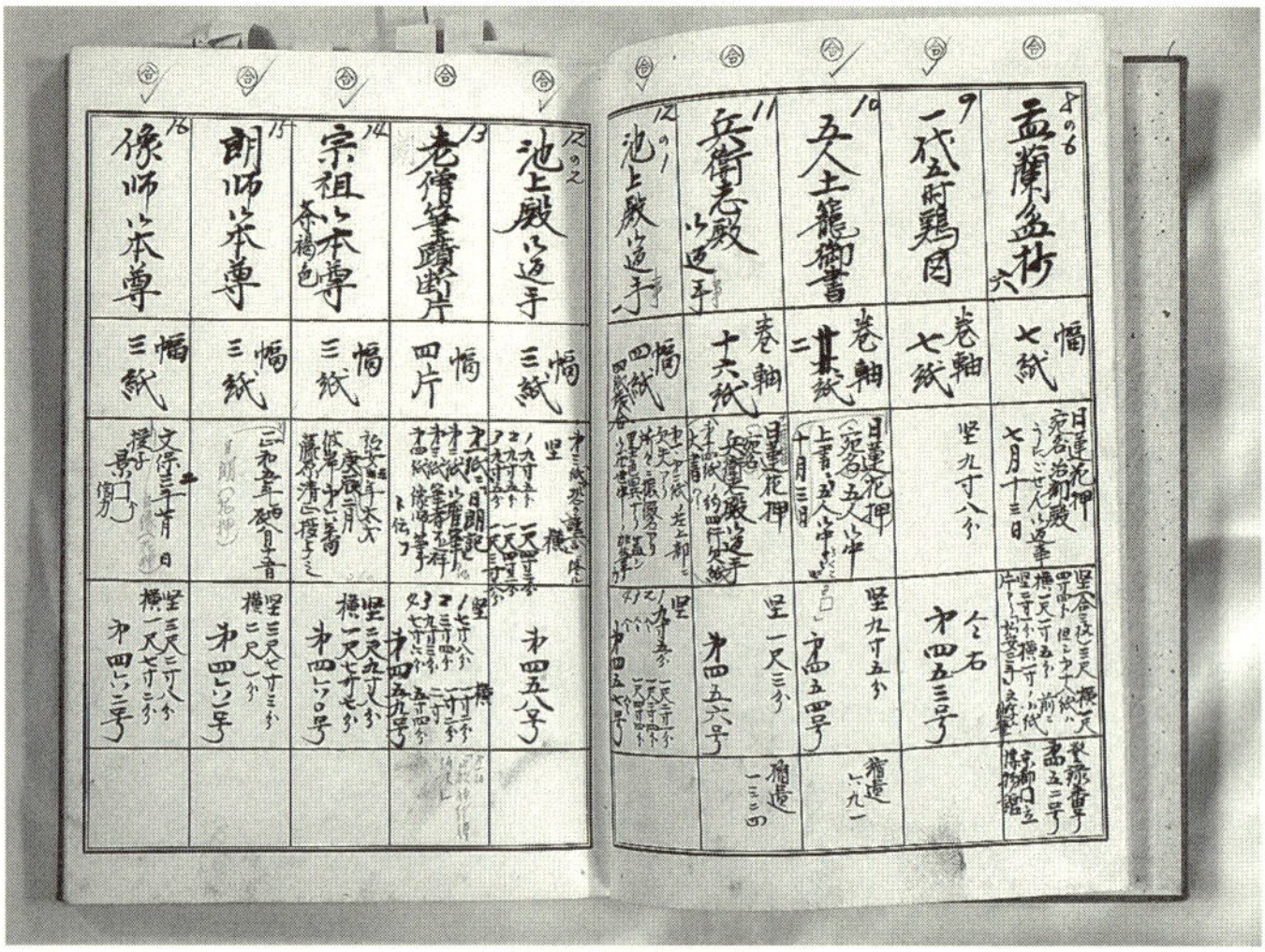

『妙覚寺宝物目録』
（京都妙覚寺蔵）

理や宝物の出し入れの時の制限などが記されています。

宝物は、歴代住持が厳重に管理しても、天災や自然災害によって失われる場合があります。身延山では、明治八年の大火によって日蓮聖人の曼荼羅・消息といった聖教が烏有《うゆう》に帰してしまいました。これは、誠に残念なことです。近年、地震や火災といった災害に見舞われている地域や寺院が多くあります。いざという時に慌てないため、宝物の迅速《じんそく》な搬出方法を考えておくことも、法華信仰を伝える宝物を後世に受け継いでいくために重要なことといえましょう。

現在の寺院でも、住職代替わりの折に、その寺院が所蔵する宝物の確認とその継承を行っている寺院があります。例えば、本山妙覚寺《みょうがくじ》

（京都市）では、宗宝・准宗宝といった宝物を記した台帳が代々の貫首に引き継がれ、法灯継承の折にこの台帳を受け継ぐことになっています。台帳を拝見すると、合点《がってん》（筆で宝物の有無を確認したレ点）があり、きちんと一点毎に確認が行われたことがわかります**【前頁写真参照】**。

本山海長寺《かいちょうじ》（静岡市清水区）では、近年、宝物目録の作成を行いました。これは、番号・名称・数量・保存状況といった項目が記されたものであり、次の貫首に寺宝を受け継ぐといった主旨のものです。特に、現状の写真と保存箱の有無、破損と保存状況に留意し、修復が必要なものはチェックされています。こうして宝物一点ごとの宝物目録を宝物写真とともに作成したことにより、寺宝の確認作業が容易になり、寺宝は、確実に次の世代に受け継がれていきます。

寺宝を後世に伝える

日蓮宗の霊跡・由緒寺院に指定されている寺院では、その由緒から日蓮宗ゆかりの寺宝が伝来しています。これを日常から管理しておくことが責務ですが、せめて代替わりの時には確認する必要があるといえます。実際の確認作業は、その寺院の関係者で行う必要があります。もしできなければ、宗門から確認調査できる人材を派遣し、宝物の有無を確認する作業を行うべきでしょう。本山法灯継承の際における寺宝確認についても、宗派が介入する法整備が必要とされます。

そこで、大事なことは、貫首の寺宝に対する関心度です。寺宝に関心のある貫首は、宝物の破損状況を心配して、保存状況の悪いものを修理しています。しかし、関心のない貫首は、そのまま放置した状態です。一般の寺院でも、これは当てはまります。

●寺宝（宝物）の「お風入れ」

中山法華経寺聖教殿《しょうぎょうでん》**【本書59頁写真参照】**では、毎年十一月三日に、寺宝の「お風入れ」（虫払い）を行い、法華信徒に公開しています。京都本法寺や立本寺《りゅうほんじ》では、毎年八月にお風入れを実行し、寺宝の虫払いを行っています。一般公開はしていませんが、寺宝を年に一回宝蔵から出し、広げることによって、虫がつかず、保存するのに良い状態がつくられていきます。

過去何十年と開いたことのないお経本を突然開くと、「パリパリッ」といった音がすることがあります。これは、長い間に湿気などによりお経本が貼りついてしまったためです。寺院の行事の折に、寺宝を蔵から出して風通しすることは、宝物保存の上でたいへん良いことです。例えば、日蓮聖人お会式《えしき》に宗祖涅槃図《ねはんず》、釈尊涅槃会に釈尊涅槃図といった寺宝を堂内に掲げている寺院が多いと思います。これは、寺宝を永く保存していく上で重要なことです。しかし、雨天の日に出すことは、湿気を含んでしまうのであまり感心しません。家の障子《しょうじ》に張られた紙は、晴れの日と雨の日とでは張り具合が違います。湿度変化が寺宝に与える影響は大です。

北山本門寺（富士宮市）では、春に寺宝の虫払いが行われ、多くの信徒が拝観します。旧来は、この虫払いに末寺の寺院や檀信徒が本山に登詣し、寺宝を拝し、先師の信仰を確かめるという行事が行われてきました。富士五山の西山本門寺（単立）でも、この伝統は受け継がれています。身延山では、江戸に祖師出開帳《でがいちょう》を行った折に、日蓮聖人ご真蹟を始めとする寺宝を陳列しました。開帳場に並べられた身延山伝来の寺宝を拝し、多くの江戸信徒は身延山信仰を高めたと思われます。いわゆる出開帳は、身延山所蔵宝物の巡回展も兼ねており、一種の展覧会でした。

日蓮聖人に関わる寺宝は、その寺院だけに留まらず日蓮宗の宝物でもあるわけです。ご真蹟は、日蓮聖人の教義や信仰を伝える第一のもので、日蓮宗でも宗宝や寺宝を護持していく体制や法整備をしていかなければなりません。宗宝は、長い年月を経ると知らないうちに傷んだり、破損したりして取り返しのつかないことになっている場合があります。寺宝管理者にあっては、今、この時に修復しなければ元に戻らない寺宝があるということを認識し、法華信仰を伝える寺宝を大事に継承していきたいものです。

寺院宝物と法華信仰

この項では、前項に引き続き、法華信仰を知る上で代表的な「宝物」「宗宝」数点を、古文書・古記録・曼荼羅本尊・絵画・仏像に分けてみていきたいと思います。

●古文書・古記録・曼荼羅本尊——信仰関係宝物

日蓮聖人滅後の代表的な史料として、日蓮聖人葬送の記録『御遷化記録《ごせんげきろく》』がありますが、これは六老僧の一人・日興《にっこう》が書き上げたものです。池上本門寺に所蔵される『御遺物配分帳《ごいもつはいぶんちょう》』（日蓮聖人の遺品を書き上げた史料）や『身延山守番帳《しゅばんちょう》』（身延久遠寺を毎月守る僧侶を書き上げた史料）も日興の筆によるもので、晩年の日蓮聖人の意志を伝える貴重な史料となっています。

ここで注目されることは、日興が日蓮聖人の代筆を行っていることです。晩年の日蓮聖人の意向を伝える書状や記録に、日興筆なるものが多く存在します。六老僧の中においては、日蓮聖人の右筆《ゆうひつ》（記録などを残すために文字を書き記す職業、もしくはその職務にあたる者）として常に聖人に給仕し、聖人の意向を弟子や信徒に伝える役を担《にな》っていたことが窺《うかが》えます。日興の代筆したものは、日蓮聖人の信仰を伝える宝物として貴重なものです。その筆跡をみると、日興の厳格な性格が写し出されています。

日興の著書に、『安国論問答《あんこくろんもんどう》』『五重円記《ごじゅうえんき》』『開目抄要文《かいもくしょうようもん》』などがあります。また、日興筆の曼荼羅本尊《まんだらほんぞん》【上写真参照】は、現存するもので約三百幅ほど確認されていますが、実際はもっと多くのご本尊を揮毫《きごう》し、弟子・信徒に授与したものと考えられます。これらのご本尊の書き方の特徴として、首題の下に「日蓮在御判《ざいごはん》」「御《ご》判《はん》」とあることから、日蓮聖人が認めたものを受けた

日興真筆の曼荼羅本尊（身延山久遠寺蔵）

かたちで記している点があげられます。自署の横の部分に、「書写之《これをしょしゃす》」「写之《これをうつす》」と記しているものもあり、日蓮聖人を師と仰いで、曼荼羅を揮毫（書写）したことが窺えます。さらに、十月十三日付の揮毫が多いことは、師である日蓮聖人への信仰の表われとみてよいでしょう。ご本尊は、四十二歳から八十八歳の約四十七年間のものが現存しており、少なくとも半世紀、ご本尊を書き続けたことになります。

曼荼羅本尊は、信仰の対象として揮毫者と授与者を結びつける絆です。ご本尊という性格上、寺院の堂宇や信徒の家の大事な場所に掲げられたため、傷《いた》んでいるものが多くあります。日興の筆によるご本尊は、日興の信仰世界を表わしており、生涯に揮毫する数や現存する数は限られています。よって、日興滅後は、日興の曼荼羅を模した形木《かたぎ》（木版刷り）のご本尊が多く作成され、礼拝用として多くの信徒に分けられました。

日興関係の宝物は、主に日興ゆかりの寺院に大切に護持《ごじ》されています。先述した北山本門寺（富士宮市）では毎年四月十三日、西山本門寺（芝川町）では四月十八日、それぞれ「御霊宝御風入法要《ごれいほうおかぜいれほうよう》」が修され、曼荼羅本尊及び聖教《しょうぎょう》類（信仰の対象となる宝物）などの一部を開帳（宝物を直接拝する儀礼）しています。これらの日興ゆかりの宝物を直接拝することにより、日興の教えや信仰を目の当たりにすることができます。七百年余を経た今でも、日興の教えは、著作や自筆の書状などを通じて生き続けています。さらに、ゆかりの霊蹟を歩くことにより、日興の信仰世界を追体験することができます。

●絵画――「身延山絵図屏風」

身延山を含む地域の領主であった波木井《はきい》（南《なん》部《ぶ》）実長《さねなが》は、身延の地に日蓮聖人を招き、身延山域の十三里四方（鎌倉時代の条里《じょうり》制は、大里が一里＝三十六町で約四キロ、小里が一里＝六町で約六百六十メートル、すなわち、小里の十三里四方は約八・五キロ四方と推定できます）を日蓮聖人に寄進しました。この寄進状は、今も身延山に伝えられています。この絵図と「七面山悉覧図《しちめんざんしつらんず》」に描かれている地域が、この時に寄進された場所であると考えることができます。

この「身延山絵図屏風《えずびょうぶ》」**【下写真参照】**の作者は、

「身延山絵図屏風」（左部分、身延山久遠寺蔵）

わかりません。絵の構図は、奥の院から七面山、そして富士山まで描かれており、江戸時代の身延山全体を一望するのに格好の資料といえます。この屏風絵にみられるような五重塔や堂宇の数々は、山の中ということもあって、過去に何度か火災に見舞われています。右上部にみられる五重塔は、現在焼失して存在しません。しかしながら、この絵図をみると、江戸時代中期の法華信仰が盛んであった時期の身延山の姿をかいま見ることができます。

ただ、日蓮聖人が住んだ場所は、屏風の左部分にある西谷御草庵付近です。よって、現在の身延山本堂を中心とする地域は、まだ切り開かれていませんでした。この絵図の中心に描かれている本堂や祖師堂といった主な堂宇は、室町時代の十一世日朝代に移転・建立されたものです。したがって、現在の西谷御草庵域が身延山の原点といえます。

●仏像――池上本門寺の日蓮聖人像

池上本門寺は、日蓮聖人像【次頁写真参照】を安置する御影堂《みえいどう》（大堂）があり、その別当が日朗《にちろう》であったといわれています。この御影堂を中核として、池上本門寺に発展していきました。

本門寺の日蓮聖人御影像胎内の聖人遺骨を納める唐金筒の銘に「大別当　大国阿闍梨《だいこくあじゃり》　日朗」、「大施主　散位《さんい》大中臣宗仲《おおなかおみむねなか》」、「大施主　清原氏女」と刻されています。像の底銘文には、造像に関わる大願主二人として侍従公《じゅうじこう》日浄《にちじょう》と蓮華阿闍梨日持《にちじ》の自署花押《かおう》があり、正応元年（一二八八）六月八日の年月日が記されています。この年は、ちょうど日蓮聖人の七年忌に当たります。その報恩として、日持・日浄が発願して御影像を造立し、胎内に遺骨が納められたことが銘文から知られます。先師の日蓮聖人に対する信仰の念が祖師像の造立に至ったものと思われます。

池上本門寺の日蓮聖人御影

なおこの像は、最初から衣を着せるように造られていることが特徴です。下着のみが彫刻され、袖も細めで、祖師像の上に衣を着せて袈裟《けさ》を掛ける作りとなっています。町田市域には「お召し講」という題目講社が現在も信仰活動を続けており、法華信仰の証しとして、明治時代から現在まで衣と袈裟を奉納しています。

おわりに

法華信仰というと、法華系教団の信仰、法華系教団の根本経典とする法華経の信仰、日蓮聖人が提唱した題目の信仰といったことが頭に浮かびます。

本書は、法華信仰がインド、中国、日本と展開し、日本でも天台宗・日蓮宗・法華宗各派・法華系新興教団に展開してきたことに注目しています。そして、法華教団史といった歴史的な流れの中から法華信仰の「かたち」を眺めてみました。よって、日蓮教学、法華思想、仏教学の面から深く考察しているわけではありません。著者の専門領域である日本仏教史、日蓮教団史、博物館学の視点から法華信仰を眺めたものです。

私事ながら、ここ数年法華系教団にまつわる僧侶や信徒の法華信仰の姿を追い続けています。今までは、個々の信仰のかたちを追い続けるだけが精一杯で、全体像を描くまでは至っていませんでした。そこで、この辺で一本一本の糸を手繰り寄せ、太い糸になるよう繋いでみたくなったことが、本書刊行の動機となっています。そこで注目した点は、法華信仰が江戸時代以降、庶民層に浸透していったことです。法華教団における法華信仰の特徴は、堅法華・千箇寺詣でに代表されるように、妥協を許さない強固な信仰の姿にあるといわれています。これは本書で示した通り、ひたすら題目を唱える法華信者の祖師崇拝や法華気質というものが底辺にあるからといえましょう。

法華教団の歴史を遡れば、日蓮聖人滅後、礼拝のための日蓮聖人像が造立され、祖師堂（御影堂）が建立されるようになり、祖師を礼拝するかたちが整えられていきます。その中でも、日蓮宗の総本山である身延山久遠寺には、日蓮宗徒のみならず、法華宗から法華系新興宗教の信徒が現在も参拝しています。彼らは、法華の信仰者として題目を唱え、日蓮聖人を崇拝しています。身延山に訪れるのも、日蓮聖人の御廟があるからに他なりません。

しかしながら、日蓮聖人が拠とした法華経は、釈尊が説かれたものであり、釈尊に対する信仰や法華経信仰も重要なことといえます。それは、日蓮聖人が釈尊を礼拝しているからです。法華信徒にとってインドの霊鷲山は、法華経を説いた場所として崇められ、法華信徒の聖地となっています。

また、法華信仰の形態を考える上で大事なことは、日蓮聖人以来の不受不施義の解釈です。これは、時代の流れの中で、宗論や摂受・折伏といった教団外への布教活動にみられました。一方、教団内では、対論・法論・論義といった日蓮聖人の教義や法華経解釈の相違にあったわけです。法華教団における伝道の歴史の中には、日像・日親・日奥といった指導者がおり、日隆・日真・日陣・日応といった法華宗の開祖がいたわけです。

現在における日蓮宗や法華宗各派における法華信仰の姿は、日蓮聖人の命日に行うお会式法要、桜をかたどった万灯行列、拍子に合わせて纏《まとい》を振る姿、団扇太鼓を叩いて歩く唱題行脚等に象徴されます。江戸時代においては、江戸の長屋で団扇太鼓と題目が禁止される中で、念仏の信徒と信仰上のことで張り合っていることがみられました。当時の法華信徒の威勢のよさと強情な信仰が窺えます。法華信徒の霊地巡拝においては、白装束で団扇太鼓を持った修行者、いわゆる堅法華の姿が印象的であり、現在も身延参拝や霊蹟巡りが盛んに行われています。そして、題目踊りや歌題目のように地域の民間信仰と融合し、新しい法華信仰のかたちを創り出していったことは重要なことです。

もちろん、法華信仰は、庶民層だけに浸透したわけではありません。僧侶の布教や儀礼、とりわけ繰り弁・五十座説法等にみられる高座説教、百日荒行・法楽加持といった加持祈祷の世界も法華系教団独特の信仰の姿といえます。しかし題目は、時代の中で容易に受け入れられたわけではなく、時の為政者や他教団の人々から度々迫害に遭っています。日蓮聖人在世時に駿河地域で起きた熱原法難はその最たるもので、多くの人々が題目の信仰から退転していきました。しかし、ここで聖人は、いかなる者も題目信仰者を害することはできないので、激しい迫害を受けようとも信心を堅く持つように信徒を激励しています。こうした法難にも負けない信仰のすがた（姿）が、まさに法華信仰のかたち（形）であり、法華教団における殉教の歴史がこれを物語っています。

以上、法華信仰が各時代に浸透していく中で、法華信仰を高揚していったのは、法華気質を持つ僧侶、武家の女性、そして庶民が主でした。その中でも、法華系教団における僧侶と信徒層を結びつける役割を果たしてきたのは、講中という庶民の信仰組織であったことを最後に強調しておきます。

関係資料の収集にあたっては、寺院資料は当然のことながら、身延山大学図書館や各地の図書館の図書・雑誌の閲覧によることが常道でした。ここ数年のインターネット普及により、関連事項のホームページ検索がたいへん役立ったことも事実です。過去の資料収集方法と違って、自宅のパソコンでインターネットの環境があれば容易にできる時代になったことはうれしい限りです。しかし、一つのホームページのみに限った引用だけでは、片寄った情報や落とし穴もあるため、関連したサイトを検索してみる必要があることを感じました。やはり、安易な方法での調べ学習には限界があり、途中で行き詰まります。資料を実際に用いる場合は、所蔵先に赴いて資料を直接確認し、関連する文献を隈無く読んでみる、という方法が仏教史研究や教団史研究に必要であることはいうまでもありません。

本書の内容は、紙面の関係で、特徴ある法華信仰のかたちを紹介したに過ぎません。しかしながら、法華信仰を持つ人々の中で、忘れてはならない人物を取り上げたつもりです。これらの人物にゆかりのある寺院や法華信仰が生き続けている場所に赴いて、生きた信仰の姿を確認して頂ければ幸いであり、これが著者の意図するところです。さらに、法華信仰の霊場や日蓮聖人の霊跡を、自らの足で歩いて確かめる行動こそが、仏教史や法華教団史を理解する近道であることを付け加えておきます。

今後は、日蓮宗にとらわれず、法華宗各派に伝えられる資料を調査していきます。そして、これらを含めた法華教団の信仰の特徴を、広く仏教史の中に位置づけてみたいと考えています。

本書の個々の章や項の文章は、著者が過去に、『山梨県史・近世　通史編寺社』（山梨県）、『日本の名僧日親・日奥』（吉川弘文館）、『行学院日朝上人』（大東出版社）、『仏教伝道感動実話大事典』（四季社）といった書物や、『正法』（日蓮宗新聞社）、『日蓮宗新聞』、『英字日蓮宗新聞』『御遺文習学シリーズ』（日蓮宗宗務院）、教報『みのぶ』（身延久遠寺）、『歴史読本』（新人物往来社）、『大法輪』（大法輪閣）、『立正大学山梨県支部たより』といった雑誌や機関誌、各日蓮宗寺院の寺報・パンフレット・各種講演会資料等に記したものを骨格としつつも、新しい情報や見解等を加えて大いに練り直し、新稿として書き下ろしたものです。文体は一般向けに平易であることを心がけ、史料や難しい仏教用語は、極力使用しないようにしました。なお、読者の方で、法華信仰の歴史やその形態について関心を寄せている方がありましたら、ご一報下さい。一緒に考えることができたら幸いです。

本文挿入の写真は、著者が撮影したものも多く、日蓮宗宝調査の折に撮影したものもあります。著者の力量が及ばず、不鮮明なものがあることをお詫び致します。本覚寺様の写真は、山口墨仁堂様より戴きました。

最後に、本書を刊行するにあたり、大法輪閣編集部釜田尚紀氏（当時）、同佐々木隆友氏、身延山大学大学事務局望月泰幹氏・一之瀬美千子氏・山田ゆみ氏、身延山学園法人事務局五味順子氏、身延山大学図書館佐野可津子氏・沼田晃佑氏・佐藤英煌氏、身延山宝物館渡辺永祥氏・上野真理子氏、立正大学大学院生林是恭氏にお世話になりました。記して感謝申し上げます。

合掌

著者　識

【参考文献】

〈全体に関わるもの〉

『日蓮宗事典』日蓮宗宗務院

立正大学日蓮教学研究所編『日蓮聖人遺文辞典』歴史編・教学編　身延山久遠寺

中尾堯編『日蓮聖人事蹟事典』雄山閣

『日蓮宗寺院大鑑』池上本門寺

『国史大辞典』吉川弘文館

立正大学日蓮教学研究所編『日蓮教団全史　上』平楽寺書店

影山堯雄『日蓮教団史概説』平楽寺書店

望月真澄『御宝物で知る身延山の歴史』日蓮宗新聞社

望月真澄『近世日蓮宗の祖師信仰と守護神信仰』平楽寺書店
〈第一章〉
石川康明（教張）『日蓮と近代文学者たち』ピタカ
大谷栄一『近代日本の日蓮主義運動』法蔵館
坂本幸男・岩本裕訳注『法華経　上・中・下』岩波文庫
末木文美士『日本仏教史』新潮社
田村芳朗・宮崎英修編『講座日蓮　日本近代と日蓮主義』春秋社
茂田井教亨『法華経入門』大蔵出版社
中濃教篤編『近代日蓮教団の思想家』国書刊行会
中村瑞隆『ほんとうの道　法華経』集英社
〈第二章〉
茂田井教亨『日蓮の法華経観』佼正出版社
高木豊『増補改訂　日蓮―その行動と思想―』太田出版
田村芳朗・宮崎英修編『講座日蓮　日蓮信仰の歴史』春秋社
田村芳朗『日蓮聖人と法華経』東方出版
中尾尭『ご真蹟にふれる』日蓮宗新聞社
中尾尭『日蓮信仰の系譜と儀礼』吉川弘文館
中尾尭『歴史文化ライブラリー　日蓮』吉川弘文館
藤井寛清『京都・宗祖の旅　日蓮』淡交社
渡辺宝陽・庵谷行亨『わが家の宗教　日蓮宗』大法輪閣
〈第三章〉
上田本昌『日蓮聖人における法華仏教の展開』平楽寺書店

竹村俊則『新撰京都名所図会』白川書院
田村芳朗・宮崎英修編『講座日蓮』全五巻　春秋社
中尾尭『日蓮の寺』東京書籍
中村孝也『上総七里法華新門徒の研究』平楽寺書店
林是晉『身延山久遠寺史研究』平楽寺書店
藤井学『法華文化の展開』法蔵館
〈第四章〉
相葉伸『不受不施派殉教の歴史』大蔵出版
北村行遠・寺尾英智編『日本の名僧　日親・日奥』吉川弘文館
中尾尭『日親―その行動と思想―』評論社
堀日亨『日興上人身延離山史』興門資料刊行会
身延山久遠寺編『行学院日朝上人』大東出版社
宮崎英修『法華の殉教者たち』平楽寺書店
〈第五章〉
大法輪編集部編『大法輪選書　呪術祈祷と現世利益』大法輪閣
宮崎英修『日蓮宗の祈祷法』平楽寺書店
宮崎英修『日蓮宗の守護神』平楽寺書店
〈第六章〉
『大日蓮展』図録、東京国立博物館
中尾尭『日蓮真蹟と寺院文書』吉川弘文館
中尾尭『日蓮聖人と法華曼荼羅』臨川書店
日蓮宗宗務院編『寺宝護持の心得』日蓮宗新聞社

望月　真澄（もちづき・しんちょう）

昭和33年静岡県生まれ。立正大学大学院文学研究科仏教学専攻修士課程修了。現在、身延山大学仏教学部教授。立正大学仏教学部非常勤講師。博士（文学）。

主な編著書に『近世日蓮宗の祖師信仰と守護神信仰』（平楽寺書店）、『御宝物で知る身延山の歴史』（日蓮宗新聞社）、『寺宝護持の心得』（共著、日蓮宗新聞社）、『山梨県史　近世』通史部・寺社部（共著、山梨県）、『身延文庫典籍目録』上・中・下巻（共編、久遠寺）など。

法華信仰のかたち——その祈りの文化史——

平成19年 8月10日　第1刷発行 ©

著　　者　望　月　真　澄
発 行 人　石　原　大　道
印 刷 所　三協美術印刷株式会社
製　　本　株式会社 若林製本工場
発 行 所　有限会社 大 法 輪 閣
東京都渋谷区東 2－5－36　大泉ビル2F
TEL　(03) 5466-1401（代表）
振替　00130-8-19 番

ISBN978-4-8046-1255-3　C0015　Printed in Japan